GARDASEE
VERONA

Kennst Du das Land wo die Zitronen blühn,
Im dunklen Laub die Goldorangen glühn,
Ein sanfter Wind vom blauen Himmel weht,
Die Myrte still und hoch der Lorbeer steht,
Kennst Du es wohl? Dahin, dahin
Möcht ich mit Dir, o mein Geliebter, ziehn.

Johann Wolfgang von Goethe,
Mignon-Ballade, 1795

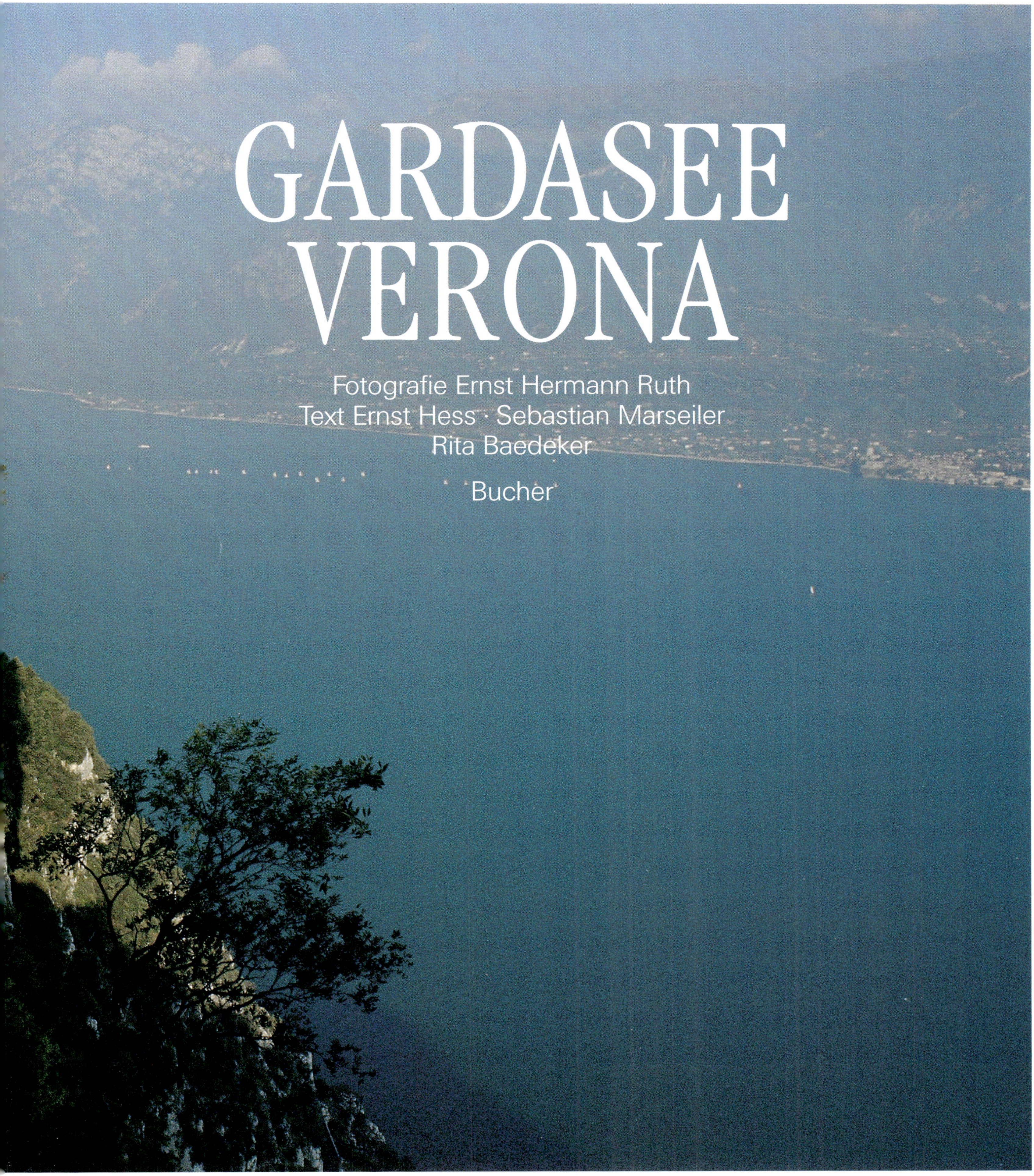

GARDASEE VERONA

Fotografie Ernst Hermann Ruth
Text Ernst Hess · Sebastian Marseiler
Rita Baedeker

Bucher

Inhalt

Seite 1: Hafen von Limone. – Seite 2/3: Pieve di Tremosine. Links: Villa von Punta San Vigilio. – Seite 6/7: Limone.

123513

Auf der Piazza dei Signori in Verona. Die Statue auf dem Rundbogen stellt den Veroneser Arzt und Wissenschaftler Girolamo Fracastoro (1476–1553) dar. Die Kugel, die Fracastoro in der Hand hält, soll Symbol des universalen Wissens sein. Die Veroneser spotten, daß Fracastoro dem ersten ehrlichen Bürger, der den Bogen durchschreitet, die Kugel auf den Kopf fallen läßt.

Seite 8/9: Am Strand von Moniga.

Seite 10/11: Arco, nur wenige Kilometer nördlich von Riva, ist vor allem wegen seiner Burg bekannt. Die Stadt liegt an der Sarca, die seit dem Bau eines Wasserkraftwerks nur noch spärlich Wasser führt.

Gardasee und Verona – Geschichte und lebendige Gegenwart

Ernst Hess

Petrarca hätte vielleicht geschrieben: «Ich brauche nichts weiter als diese Burg gegen den Himmel.» Später hat dann Albrecht Dürer die Burg von Arco gemalt, das Entzücken über Aquarell und Wirklichkeit dauert bis heute an. Mag sein, daß gerade hier die Wandlung vom Alpinen zum Klassischen deutlicher spürbar wird als anderswo. Nur einige Kilometer von Arco entfernt schlagen die Wellen des Gardasees an die Kaimauern von Riva, beginnt die Landschaft aus Wasser und Licht. Andererseits: Wären da nicht dieses silbrige Flirren der Olivenblätter, dieses schwarzdunkle Grün der Zypressen, man könnte meinen, irgendwo in Tirol oder Süddeutschland zu sein.

Wie ein Halsband haben die Grafen von Arco ihr Städtchen um den Burgberg gelegt, mit stattlicher Pfarrkirche und schlichten Palais. Hinter grauen Feldsteinmauern ziehen sich Weinstöcke und Oleander terrassengestützt den Felsen hinauf, wachsen Ölbäume im Schatten nutzloser Bastionen. Louis Joseph de Bourbon, Herzog von Vendôme und Marschall von Frankreich, zerstörte im Spanischen Erbfolgekrieg Dürers Idealbild, überließ die riesigen Mauern und Quader den Eidechsen, die dort in der Mittagshitze dösen. Gelegentlich heult der Wind vom See durch die Trümmer, schüttelt die Zypressen und läßt das Silber der Ölzweige fließen. Dann ist der Süden ganz nah.

Eckart Peterich, der Italien wie kaum ein anderer kannte, zählte den Gardasee und das Veronese zu den edelsten Landschaften. Da vor ihm auch schon Dante und Goethe ähnlich empfunden hatten, spricht einiges für die Richtigkeit seiner Beurteilung. Man muß hier nicht unbedingt geboren sein, um Zugang zu finden, muß keine Rätsel lösen oder Kompromisse schließen. So harmonisch gehen Berge und Wasser, Licht und Lebensart ineinander über, daß man dem Zauber ohne Gegenwehr erliegt. Im Norden drängt sich der See fjordartig zwischen den Monte Baldo und die Brescianer Alpen, wild und schwarz, wenn der Wind von den Bergen herabstürzt. Das ist die Stunde der Surfer von Torbole oder Riva, der blutroten Sturmsegel unter der mächtigen Felswand des Monte Guil. Ein Hauch von Hawaii an den Stränden des Garda, Tausende weißer Plastikbretter in der Gischt, knatternde Leinwand und glänzende Augen. Manchmal dauert der bunte Spuk Stunden, ehe dem Wind der Atem ausgeht. Und dann gibt es Tage, da bleiben Ora und Tramontana in ihren Höhlen, kräuselt nicht ein Hauch den sanften See, dessen unvergleichliches Blau Generationen von Malern fasziniert hat. Die Berge verschwinden im Dunst, unendlich weit und voller Rätsel, man blickt hinaus ins Uferlose.

Poeten und Imperatoren

Mag sein, daß Gabriele d'Annunzio diesen Blick besonders liebte. Seit 1920 lebte der exzentrische Dichter in Gardone, baute die Villa des deutschen Kunstforschers Henry Thode in den «Vittoriale degli Italiani» um und inszenierte sich fortan selbst. Manche halten D'Annunzio für einen eitlen politisch-militärischen Dilettanten; andere glauben, daß der Liebling des Duce die italienische Literatur um Gedichte bereichert hat, die zumindest in diesem Jahrhundert einmalig sind. Die Wahrheit dürfte – wie so oft – in der Mitte liegen. Geschmacklos ist die Villa über dem See zweifellos – Mosaiken, Trophäen,

«Die Etsch bei Verona» von Bernardo Bellotto (1721–1780), besser bekannt unter dem Namen Canaletto. Interessant sind hier die im Fluß verankerten Getreidemühlen, die das Bild der Etsch zwischen Ponte Pietra und Ponte delle Navi noch bis zu Beginn des 20. Jahrhunderts bestimmten.

schwülstiges Interieur liegen immer noch erheblich unter dem literarischen Niveau des Bauherrn. Andererseits hat Bertolt Brecht den Abenteurer in Schutz genommen: «Er eroberte Fiume, die Duse und eine Villa am Gardasee. Sicher war er ein Scharlatan, aber dieser Scharlatan schrieb Hirtengedichte, die kaum untergehen werden ...»

Es scheint fast so, als habe die paradiesische Landschaft im Dreieck der Bischofsstädte Triest, Brescia und Verona eine magische Anziehungskraft auf Emporkömmlinge ausgeübt. Nur wenige Kilometer von Gardone entfernt liegt Salò, ein Ort, der zumindest eine Zeitlang keinen guten Namen mehr hatte. Mussolini, gerade erst von Skorzenys Fallschirmjägern am Gran Sasso seinen Bewachern entrissen, regierte von hier aus den Rest Italiens, den die Alliierten noch nicht erobert hatten. In der subtropischen Vegetation kümmerte die «Repubblichina di Salò» noch ein paar Monate dahin, bevor der Zusammenbruch Hitlerdeutschlands auch den letzten Verbündeten mit ins Verderben riß. Wahrscheinlich ist der damals schon sehr müde Duce an all dem Grausamen, das in seinem Namen geschah, weniger schuld gewesen als seine braunen Berater und Wächter.

Mehr als vierzig Jahre liegt das alles jetzt schon zurück, aber die Villen der Belle Epoque stehen noch heute und reizen die Phantasie: Salò ist trotz seiner Schönheit gerade für die älteren Italiener ein düsterer Name, befrachtet mit üblen Erinnerungen. Die Surfer weit draußen vor der Bucht interessiert das kaum, zumal der Wind gegen Mittag wieder stärker wird und weiße Schaumkronen auf den Wellen tanzen. Vielleicht liegt es daran, daß in Italien schon immer viel passieren mußte, damit alles beim alten bleibt.

Wendepunkt in der Geschichte Italiens

Wäre es anders, könnte man in San Martino della Battaglia oder Solferino nicht friedlich beim Wein sitzen. In den Beinhäusern der nahen Kirchen, so in San Pietro, türmen sich hinter düsteren Vorhängen die Schädel und Gebeine von mehr als fünfundzwanzigtau-

«Landschaft bei Riva am Gardasee» von Jean Baptiste Camille Corot (1796–1875). Mit den Darstellungsmitteln der spätromantischen Landschaftsmalerei versuchte Corot in der Abendstimmung die seit dem 18. Jahrhundert mit dem Gardasee verbundene «Italiensehnsucht» einzufangen.

send Gefallenen. Piemontesen und Franzosen schlugen die österreichischen Truppen am 24. Juni 1859 wenige Meilen südlich von Sirmione vernichtend. In den Geschichtsbüchern kann man nachlesen, daß hier der Wendepunkt in der Einigung Italiens erreicht wurde. Wenn man das kleine Schlachtfeld vom Gedächtnisturm in San Martino della Battaglia überblickt, sind die Schreckensbilder des Schweizers Henri Dunant kaum begreiflich. Aber es war wohl so, daß die liebliche Landschaft vom Geschrei der Verwundeten widerhallte, daß zwischen den Obstbäumen und Weinbergen noch tagelang Sterbende auf ihr Ende warteten – ohne ärztliche Hilfe, allein gelassen von ihren flüchtenden Kameraden. Damals faßte Henri Dunant den Entschluß, etwas gegen das grenzenlose Leid zu tun. Kriege hat das Rote Kreuz in der Folgezeit auch nicht verhindern können. Aber die Apokalypse erhielt wenigstens hier und da menschliche Züge.

Harmonie von Licht und Wasser

Politisch hat sich inzwischen sicher einiges geändert. Aber die Weinberge sind geblieben, die Obstgärten und wuchtigen Bauernhöfe. Auch die Kirchen in den alten Farben Ocker, Siena oder Umbra, am Ufer des Sees die Villen der Visconti und Pallavicini. Die klassische Kulturlandschaft der Gardesana hat die Langobarden erlebt, die Plünderungen deutscher Landsknechte, Kämpfe der kaisertreuen Scaliger mit der mächtigen Serenissima Venedig. Dazwischen grausame Familienfehden, Erbstreitigkeiten und fremde Eindringlinge. Nichts hat letztlich die Harmonie von Licht und Wasser, Gebirge und See zerstören können. Das blieb – gottlob nur ganz vereinzelt – dem zweifelhaften Fortschritt unserer Tage vorbehalten. Natürlich gibt es auch in dieser Region häßliche Fabrikanlagen, Campingplätze, die sich wie Krebsgeschwüre in die Landschaft fressen, Faustschläge in Stahl und Beton. Aber sie fallen nicht so sehr ins Gewicht, bleiben immer Ausnahme – und sind manchmal auch gnädig versteckt hinter Ölbäumen und Zypressen.

Natürlich wurde rund um den See viel gebaut, manches alte Ensemble zerstört oder zumindest verändert. Der Tourismus ist nun einmal die wichtigste Industrie der Gardesana, mit all seinen unerfreulichen Begleiterscheinungen. Dennoch ist man immer wieder positiv überrascht von der Geschlossenheit der kleinen Städte am See, der behutsamen Restaurierung alter Bausubstanz und dem erkennbaren Bemühen, die unvermeidlichen Neubauten so harmonisch wie möglich zu integrieren.

So konnten beispielsweise zahlreiche moderne Hotels dem malerischen Fischerdorf Sirmione nur wenig anhaben. Vom See wirkt die südliche Insel wie hingehaucht für den Augenblick der Erinnerung. Catull soll hier zwischen den beiden Golfen von Desenzano und Peschiera eine Villa besessen haben; man glaubt es gern, wenn man die römischen Ruinen in einem Ölbaumhain betrachtet. Die Archäologen schreiben den Bau zwar dem vierten christlichen Jahrhundert zu, aber die exponierte Lage am Nordzipfel der Halbinsel und erst recht der unbeschreiblich schöne Fernblick machen es wahrscheinlich, daß Catull, Roms bedeutendster Lyriker, diesen außergewöhnlichen Ort geliebt hat.

An ruhigen Tagen dümpeln zahllose Boote im Hafen wie buntes Spielzeug auf einer Glasplatte. Und der Spiegel seiner Türme und Mauern läßt das Castello Scaligero noch gewaltiger erscheinen, als die Wasserburg ohnehin ist. Man findet solche Festungen auch

Oben: Die Landschaft um den Gardasee ist geschichtsträchtiger Boden. Interessenkonflikte europäischer Großmächte wurden hier blutig ausgetragen. In der Schlacht von Rivoli besiegte 1797 Napoleon Bonaparte die Österreicher unter General Alvinczy (Gemälde von Albert G. Bacler d'Albe, um 1800).

Rechts oben: 1545 bis 1563 tagte das Konzil von Trient, dessen Beschlüsse die Gegenreformation einleiteten.

Rechts unten: Bei Solferino besiegten 1859 die französisch-sardischen Truppen Österreich. Beim Anblick des unsäglichen Leids der Verwundeten auf dem Schlachtfeld faßte Henri Dunant den Entschluß, das Rote Kreuz zu gründen.

in Verona, Mantua oder Ferrara, aber nirgendwo geht die Architektur eine perfektere Symbiose mit der Natur ein. Die drei Haupttürme der eigentlichen Burganlage sind von einem schwalbenschwänzigen Zinnenkranz, der Ghibellinenmauer, umgeben, eingeschachtelt in ein Gewirr von Giebeln, Erkern und Zugbrücken. Längst sind die letzten Belagerer abgezogen, die Ketten rosten im Wasser, mit verschwenderischer Blüte quellen Goldlack und Mimosen aus verwittertem Mauerwerk. Verteidigt wird das so malerisch gelegene Bollwerk der Scaliger nur noch gegen den Ansturm der Touristen, den Beschuß aus unzähligen Kameras, die bis in die späten Abendstunden unaufhörlich klicken.

Veroneser, Venezianer und Napoleon

Mit Hilfe des kleinen Kriegshafens beherrschte einst die Stadtrepublik Verona den südlichen See, ehe die Venezianer das gesamte Gewässer an sich rissen und die «Gardesana dell'Acqua» gründeten. Im Mittelalter wurde auf den Fundamenten des römischen Osthafens gebaut, die Vorwerke alle in Schußweite der Armbrustschützen. Wohl kaum jemand käme heute auf die Idee, daß der Gardasee der Schauplatz erbitterter Seeschlachten war, die Spinello Aretino für den Palazzo della Signoria in Siena gemalt hat.

Als der junge Albrecht Dürer 1495 auf seiner Italienreise den Burgberg von Arco in einem Aquarell festhielt, war die weitläufige Befestigungsanlage noch intakt. Im Spanischen Erbfolgekrieg (1701 bis 1713/14) wurde sie zum größten Teil gesprengt.

Die ewige Feindschaft Venedigs mit den Mailänder Visconti führte sogar zu einem gewagten Unternehmen, das an Hannibals Alpenüberquerung erinnert. Nur wurden 1435 keine Kriegselefanten über den Paß von Nago nach Torbole transportiert, sondern eine Flotte von sechs zerlegten Galeeren und 25 Barken. Für das meerbeherrschende Venedig war offenbar die Tatsache unerträglich, daß die Mailänder als einzige eine Kriegsflotte auf dem Gardasee unterhielten, die den südlichen Zugang zum See beherrschte. Mit Rollen, Seilzügen und einem Heer von Arbeitern wurden die riesigen Schiffe der Serenissima in einem Gewaltakt zu Tal gebracht, zusammengebaut und dann auf die Visconti losgelassen. Das war zugleich das Ende der Mailänder Herrschaft, obwohl das Gefecht auf dem See selbst von den Zeitgenossen eher als Kuriosum bewertet wurde.

Bis 1797 blieb die Gardesana venezianisch – sicher nicht zu ihrem Nachteil, wie die zahlreichen Schlösser, Kirchen und Palazzi der Gardasee-Region eindrucksvoll bestätigen. Erst die militante Zeitströmung der napoleonischen Kriege beschleunigte den Untergang der Serenissima, die mit Charme und diplomatischem Geschick das unvermeidliche Ende ihrer Herrschaft immer wieder hinausgezögert hatte.

Bleiben wir noch kurz bei Napoleon, der unweit des Gardasees einen seiner glänzendsten Siege erfocht. Die Franzosen nennen die Schlacht nach dem Ort Rivoli Veronese an der Etscher Klause, obwohl sie weiter nördlich zwischen Zuane und Caprino stattfand. Von den Hügeln über Platano sieht man das riesige Fort Cima Grande, wo sich die Österreicher unter Marschall Alvinczy verschanzt hatten. Die Veroneser Klause war für alle Armeen, die im Lauf der Jahrtausende, meist von Norden kommend, in Italien einfallen wollten, die erste Bewährungsprobe und eine der bedeutendsten strategischen Angelpunkte Mitteleuropas. Die in die Tiefe gestaffelten Forts Monte und Masua machten die Klause im direkten Angriff uneinnehmbar. Doch Bonaparte, dessen italienischer Feldzug von Historikern aller Couleur als Geniestreich angesehen wird, überlistete den schulmäßig agierenden Alvinczy durch eine Umgehung der Klause im toten Schußwinkel der Forts. Am Gardasee wurde – wenn man so will – Napoleons Ruhm als Schlachtenlenker begründet. Wie schon gesagt, das Land zwischen Trient und Verona war ein guter Boden für Emporkömmlinge. Nur, was ist letztendlich geblieben? Die Rue de Rivoli in Paris, das Denkmal des Siegers hoch über Zuane, schließlich die toten Augen des Forts Cima Grande. Sicher, Italien wurde damals kurzfristig befreit, wobei die Weinbauern der Gardesana nicht lange gefragt wurden, ob soviel Befreiung überhaupt erwünscht sei. Aber es dauerte noch weitere sechzig Jahre bis zur endgültigen Niederlage Österreichs, wodurch die Einheit Italiens erst möglich wurde. Und noch 1918 verlief die Grenze quer durch den Gardasee, gehörten Riva und Torbole zur sterbenden k.u.k. Monarchie.

Daran erinnern heute gelegentlich deutsche Namen an Gasthöfen, Südtiroler Einflüsse in der trentinischen Küche, manchmal auch vom Gras überwucherte Infanteriestellungen. Der Erste Weltkrieg sparte das Gebiet um den Gardasee keineswegs aus. Nur die Ufer, für militärische Auseinandersetzungen ohnehin ungeeignet, blieben friedlich. Dafür übertrafen die Kämpfe um Rovereto und Lavarone, auf dem Monte Baldo oder im Massiv des Pasubio alles bisher Dagewesene. Vom Monte Brione aus beherrschte die österreichische Artillerie den nördlichen Teil des Sees, so daß die italienischen Truppen versuchten, durch das Etschtal nach Trient vorzustoßen. Ernest Hemingway hat das vergebliche Anrennen der Bersaglieri miterlebt und später in seinem Buch «In einem anderen Land» Stimmung und Zerfall einer Armee brillant geschildert.

Heute kann man an der Gesichtslosigkeit der Häuser um Rovereto ablesen, wie groß der Grad der Zerstörung gewesen sein muß. Im lieblosen Einheitsstil der zwanziger Jahre hat man die zerstörten Dörfer wiederaufgebaut, manches, was noch erhaltenswert war, hat man einfach niedergerissen. Der Schrecken wird greifbar beim Gang durch das Museum im Castel Dante oder über den nahegelegenen «Ossario», den großen Soldatenfriedhof, wo allein achttausend Gefallene beigesetzt sind. Noch in den zwanziger Jahren als nationale Kultstätte gedacht, herrscht heute nurmehr Betroffenheit und Trauer um eine sinnlos gestorbene Jugend und eine mit ihr für immer untergegangene Epoche.

DIE TRAUMSTRASSE EUROPAS

Unterwegs auf der Gardesana occidentale

Üppiger Zauber südlicher Mittelmeervegetation entlang der Gardesana occidentale.

Vor mehr als siebzig Jahren bauten mutige Ingenieure eine spektakuläre Straßenverbindung von Riva nach Gargnano: Die «Gardesana occidentale». Seitdem ist der Weg das Ziel. Und mit jeder Kurve, mit jedem Tunnel kommt der Süden näher.

Nüchtern gesehen sind es nur knapp dreißig Kilometer Asphalt entlang des Westufers des Gardasees zwischen Riva und Gargnano, kunstvoll über fünfzig Brücken und durch siebzig Tunnel geführt, an gigantische Felswände gepreßt oder frei über das Wasser gezogen.
Die Staatsstraße Nr. 45, die *Gardesana occidentale* (Westuferstraße), faßt den See wie einen riesigen, kostbaren Saphir oder Türkis – je nach Tageszeit und Wetter. Manchmal glaubt man sich in den Fjordlandschaften Norwegens, wenn die steil aufragenden Felswände mit neunzig Grad ins Wasser stürzen. Dann wieder dunkle Zypressen wie bei Florenz, blühender Oleander aus Neapel oder sizilianische Mandelblüten. Und all' das am Fuß der Alpen. Die Gardesana occidentale – vor mehr als siebzig Jahren kühn in den Fels gesprengt – ist auch heute noch immer genau so spektakulär wie am ersten Tag. Südlich von Limone sul Garda durchläuft die Gardesana occidentale ihren technisch interessantesten Teil. Aus dem Dunkel eines langen Tunnels zweigt die Bergstraße nach *Pieve di Tremosine* ab, krallt sich waghalsig an die Steilwände und entläßt den Autofahrer erst erleichtert auf dem sechshundert Meter höher gelegenen, gewaltigen Plateau von Tremosine. Senkrecht unter der Terrasse des Hotels «Miralago» schimmert arglos der See, hingehaucht für den Augenblick der Erinnerung. Gegenüber Malcesine, dahinter das gewaltige Massiv des Monte Baldo.
Pieve di Tremosine ist wie ein versteinerter Adlerhorst, uralt, verwittert, mit steilen Treppen und schmalen Bögen. Ein Dorf am Rand des Abgrunds: Nur selten sieht man hier Kinder, höchstens ein paar Jugendliche mit ihren frisierten Geländemaschinen, Läden, in denen tagsüber die üblichen Souvenirs für Touristen feilgeboten werden. Einige Hoteliers leben

nicht schlecht von der grandiosen Aussicht, die Tremosine bietet; die restlichen Bewohner riskieren täglich auf dem steilen Weg zur Arbeit Kopf und Kragen.
In den Bergdörfern über der Gardesana ticken die Uhren anders als unten am See. Das hat sich bis heute nicht geändert und beschert den Menschen in *Leano*, *Vesio* oder *Tignale* angeblich die höchste Lebenserwartung aller Italiener. Nur – von Oliven oder Feuersalamandern wird man nicht reich, im Tremosine leeren sich die Dörfer wie anderswo auch auf dem Land.
Zurück auf die Staatsstraße Nr. 45. Hinter *Campione* schlängelt sich die Gardesana occidentale an den Felsabstürzen unterhalb des *Monte Castello* entlang und erreicht bei dem malerischen Dörfchen *Muslone* die Abzweigung zum Hochplateau von *Tignale* und zur Wallfahrtskirche *Madonna di Monte Castello*.
Auf den Ruinen einer Scaligerburg hat man der Madonna hier im 16. Jahrhundert eine Kirche gebaut, nicht allzu groß, dafür mit atemberaubendem Panorama. Von der Terrasse sieht man an klaren Tagen bis Sirmione und weiter, über Olivenhaine und Weinberge hinweg, die sich an die Felsen schmiegen. Andrea Celesti hat die Wallfahrtskapelle im 17. Jahrhundert ausgemalt, das Fresko «Krönung Mariens» aus dem 14. Jahrhundert wird sogar dem großen Giotto zugeschrieben. Vielleicht war es auch nur einer seiner vielen Schüler, der sich in diesen begnadeten Ort verliebte. Wenige Kirchen Italiens dürften jedenfalls schöner gelegen sein als die Kirche Madonna di Monte Castello.
Bis *Gargnano* sind es gut zehn Kilometer. Das verwinkelte Dörfchen dämmert ein wenig verschlafen vor sich hin, Dampfer auf dem See tuten wichtig, wenn sie ihr Anlegemanöver hinter sich haben.
Fast könnte der Hafen von Gargnano die Kulisse eines Fellini-Films sein: ein paar Häuser in bräunlichem Ocker, verwaschenem Gelb, Rosa und Blau, dazwischen triste Neubauten der frühen Sechziger. An der Promenade füttern Rentner Tauben, in der «Taverna il Vocolo» labt sich eine deutsche Busladung an süßen Crêpes, bevor die Fahrt weiter nach Salò geht. Verwitterte Fassaden, die dunkelgrünen Fensterläden hängen ein wenig schief, dann Zypressen und Bougainvillea hinter alten Schloßmauern. Nirgendwo sonst ist der Gardasee so malerisch. *Ernst Hess*

Die Gardesana occidentale ist «grande spettacolo», eine Straße mit Show-Effekten und der Faszination von schroffem Fels, Ausblicken über den glitzernden See und dem Wechsel von Licht und Schatten.

Mag sein, daß der Kontrast zur friedlichen Landschaft um den See gerade wegen der blutig-bewegten Vergangenheit besonders scharf empfunden wird. Was haben die unberührten Almen und Wälder des Monte Baldo mit dem Hegemonialstreben der europäischen Großmächte zu tun, was die lieblichen Weinberge von Bardolino oder Valpolicella mit dem Attentat von Sarajevo und seinen Folgen? So läßt sich heute aus der Retrospektive leicht fragen bei einem Glas Wein unter mächtigen Kastanienbäumen.

Zwischen Fjord und Palmen

Besonders schön ist der Übergang aus der blauen Kühle des nordischen Fjords bei Riva in die subtropische Weite der Riviera Bresciana. Das mag auch der Grund dafür sein, daß Besucher den See beim erstenmal am liebsten von Nord nach Süd erkunden. Würde man es mit Nietzsche halten, dann wäre Riva allerdings nicht nur Anfangs-, sondern gleichzeitig auch Endstation. Dem großen Verehrer des Garda hatte es der alte Uhrturm, die «Torre Apponale», so angetan, daß er glaubhaft versicherte, sein Leben am liebsten als Eremit auf der Turmspitze verbringen zu wollen. Wie wir wissen, hat der Philosoph diesen etwas ausgefallenen Wunsch nicht realisiert, sondern sich ins sächsische Weimar zurückgezogen, wo er am 25. August 1900 in der «Villa Silberblick» starb.

Schöner als der alte Uhrturm sind in Riva eigentlich die steinernen Bogengänge am Hafen, die im Sommer für angenehme Kühle sorgen. Auch der von Cansignorio della Scala 1370 erbaute Palazzo Pretorio mit den Wappen von Trient und Venedig kann sich sehen lassen, die kleine Piazza San Rocco und erst recht die Festung La Rocca. Von dort bietet sich ein spektakuläres Panorama der nördlichen Seehälfte – am Morgen in zarten Blautönen, später im gleißenden Gegenlicht, das den See wie altes Silber schimmern läßt. Nach Süden zu die Steilhänge der Cima d'Oro mit dem venezianischen Turm auf der Rocchetta, im Osten Torbole und am fernen Horizont das Massiv des Monte Baldo. Nicht nur Nietzsche und Kafka waren von diesem Ort begeistert. Für D. H. Lawrence lieferte die etwas müde Eleganz Rivas eine ideale Kulisse für seinen autobiographischen Roman «Fight for Barbara», in dem er seine Mesalliance mit Frieda von Richthofen und deren Familie aufarbeitete. Den englischen Globetrotter faszinierte wohl vor allem die seltsame Mischung aus österreichischem Charme und italienischer Klassik, die das Gesicht Rivas so nachhaltig bis in unsere Tage geprägt hat.

Traumstraße Gardesana

Im Süden der Stadt beginnt die Gardesana occidentale oder schlicht das, was man sich unter einer Traumstraße vorstellt. Bis hinunter nach Salò sind es nur gut vierzig Kilometer Asphalt, den geniale Ingenieure allerdings auf mehr als siebzig Tunnel und ein halbes Hundert Brücken verteilt haben. Das geschah schon im Jahr 1931, aber der Zauber dieser Straße ist bis heute ungebrochen. Hinter der ehemals österreichisch-italienischen Grenze tauchen die Türme von Limone aus dem sommerlichen Dunst, duftet es plötzlich nach Zitronen und Zedernöl. Ein Netz von Terrassen zieht sich die Hänge der Dosso dei Roveri hinauf, dazwischen kleine Mauern und Pfeiler, die zum Schutz der Zitronenbäume errichtet wurden. Manche sagen, das Limone von heute sei eine – wenn auch bunte – Ansammlung von Souvenirläden, Boutiquen und Restaurants, von den Architekten der fünfziger und sechziger Jahre restlos verschandelt. Daran ist sicherlich etwas Wahres, obwohl die schönen Häuser am alten Hafen von Limone noch immer den morbiden Charme des 18. Jahrhunderts ausstrahlen. Man hat sich mit den Touristen arrangiert, vielfach auf Kosten des guten Geschmacks, wie andernorts auch.

Mit Gargnano beginnt die Riviera Bresciana, das Ufer verbreitert sich plötzlich und erlaubt eine üppige Vegetation. Das hat die Baumeister des letzten Jahrhunderts offenbar zu einem Stilgemisch ermuntert, das ebenso kitschige wie faszinierende Villen produzierte. Inzwischen sieht man die Dinge vielleicht nicht mehr so streng, zumal die Farben

Fortsetzung Seite 35

Auf den Ruinen einer Scaligerfestung erbaut: Madonna di Monte Castello. Von der kleinen Wallfahrtskirche hoch oben auf dem Felsen bietet sich einer der schönsten Ausblicke über den See (siehe auch Seite 21).

Nächste Doppelseite: Der kleine Hafen von Gargnano. Die Art der Boote im Hafen zeigt, daß der See verschiedenen Lebensbereichen dient: Freizeit und Lebensunterhalt. Die Boote der Fischer liegen hier getrennt von den Segelbooten der Touristen.

Fausta

Das einstige Fischerdorf Pieve di Tremosine liegt 350 Meter über dem See. Von hier aus sind das Monte Baldo-Massiv und die Gardesana orientale als grandioses Panorama zu sehen.

Den prachtvollen Palazzo der Fürstenfamilie Borghese auf der Isola di Garda kann man nur aus der Ferne bewundern, da die Insel in Privatbesitz ist. Zum Palazzo im venezianischen Stil gehört auch eine Gartenanlage mit südländischen Pflanzen.

Blick von der Bergstraße, die nach Tremosine führt, auf den kleinen Ort Campione (siehe auch Seite 20) und die Uferstraße Gardesana orientale.

Nächste Doppelseite: Ein reizvoller Ausflug zum höchstgelegenen der lombardischen Seen. Direkt am Idro-See, von dichtem Wald umgeben und vom Tourismus bisher weitgehend verschont geblieben, liegt der kleine Ort Anfo.

Zwischen Ledro- und Idro-See: der kleine Laghetto d'Ampola.

Aussicht von Porto di Tignale am Westufer des Gardasees.

Das Westufer, eine Landschaft von bezaubernder Atmosphäre. «Rös» nennen die Einheimischen die charakteristische Rotfärbung der Sträucher im Herbst.

Nächste Doppelseite: Die Uferpromenade von Salò, dem südlichsten Ort der Gardasee-Riviera. Im Vordergrund in der Bildmitte das arkadengeschmückte Rathaus.

HOTEL

Die zwei Gesichter des Gardasees: Die «klassische» italienische Landschaft mit Villa, Park und Zypressenhain und unmittelbar davor die von Touristen bevölkerte Uferstraße, die Gardesana occidentale – hier bei Toscolano-Maderno.

verwittern und feine Patina die Stuckfassaden überzogen hat. In der Villa Feltrinelli wohnte Mussolini ab 1943 als Chef der kümmerlichen Republik von Salò, von hier brach er auch im April 1945 zu seiner Flucht in die Schweiz auf. Der Rest ist bekannt: Partisanen schnappten den Duce und seine Geliebte Clara Petacci, machten kurzen Prozeß und hängten die Leichen der beiden Erschossenen mit den Füßen nach oben an einem Garagendach in Mailand auf. Benito Mussolinis kläglicher Tod ließ jede historische Größe vermissen, die auch seinem Leben unerreichbar gewesen ist.

Lassen wir die Toten ruhen. Der Gardasee ist ohnehin kein Ort der düsteren Schatten. Allenfalls möchte man hier ruhen, wenn es einmal soweit ist. Auf dem alten Friedhof von Gardone vielleicht, zwischen lachsfarbenen Rosen und Lavendelsträuchern. Oder auf der Isola di Garda, die Karl der Große einst der Abtei von San Zeno in Verona schenkte. Der heilige Franziskus lebte hier, später auch Bernhard von Siena: Männer, die eine untrügliche Begabung besaßen, Stätten ausfindig zu machen, die in ihrer Harmonie und Abgeschiedenheit den Stürmen der Zeit entzogen waren. Heute gehört die Insel den Fürsten Borghese, deren Doggen das Ufer zähnefletschend gegen neugierige Besucher verteidigen. Die Villa Cavazza, im verspielten Stil der neuvenezianischen Gotik erbaut und von prächtigen Gartenanlagen umgeben, ist Besuchern nicht zugänglich, dafür aber völlig unberührt vom Tourismus, was den Zauber der Ideallandschaft noch steigert.

Auch die anderen Inseln des Garda sind Privatbesitz und werden von keiner Schiffahrt berührt. Aber niemand hindert uns, mit dem Segelboot oder Surfbrett eine der winzigen Buchten anzusteuern, wo sich Kaskaden der violetten Bougainvillea im moosgrünen Wasser spiegeln. Ohnehin erschließt sich die Schönheit des Sees nicht vom Ufer aus, wo Straßen und hohe Parkmauern oft den Blick versperren. Am besten besteigt man einen der alten Raddampfer und läßt sich im späten Licht der Abendsonne langsam nach Norden treiben, von Sirmione nach Toscolano und weiter hinauf bis Malcesine. Dort liegt am Hafen der alte Palazzo dei Capitani del Lago, in dem die Seehauptleute des Garda von 1504 bis 1702 unter venezianischer Oberhoheit residierten. Die Scaliger – wer sonst – bauten den schlichten Palast schon 1351, später wurde er von den Familien Miniscalchi und Lodron im Stil der Gotik renoviert. Es war die große Zeit der politischen Selbstverwaltung, der stolzen Seekapitäne Giusti, Malaspina, Pellegrini und Becelli. Deren Wappen schmücken zwar noch immer die Mauern des Palazzo dei Capitani del Lago, aber alle Entscheidungen fallen heute selbstverständlich im fernen Rom.

Zumindest die Altstadt von Malcesine hat den touristischen Ansturm bisher heil überstanden. Natürlich wird in den schmalen Gäßchen Kitsch und Plunder angeboten, quetschen sich in der Hochsaison lärmende Scharen halbnackter Besucher durch die Via Porticetti hinunter zum Hafen. Aber die wunderschönen Häuser aus hellem Bruchstein, die Marmorportale und Stuckfassaden hat niemand angetastet. Der Fortschritt in Gestalt moderner Hotels und gesichtsloser Appartementsiedlungen findet außerhalb statt. Dort, wo schon Diskotheken, Supermärkte und Tankstellen häßliche Schneisen in die Gärten und Zypressenhaine geschlagen haben. Andererseits lebt Malcesine, lebt der Gardasee von den Touristen. Man hat die schlechten Jahre noch nicht vergessen, als die Fremden plötzlich ausblieben und die Hotels leerstanden, als Pleiten und Konkurse das Land um den größten See Italiens erschütterten, Ibiza, Mallorca oder Saint-Tropez waren «in», der etwas altmodische Gardasee ziemlich «out». Rettung brachte – wenn man so will – der Wind. Als Ende der siebziger Jahre die «Surf-Epidemie» ausbrach, wurden über Nacht die klassischen Segelreviere wieder attraktiv, der Gardasee mit seiner kräftigen Luftzirkulation wurde schlagartig zum Mekka der Wellenreiter. Seitdem blasen Ora und Tramontana reichlich Geld in die lange Zeit leeren Kassen der Tourismusindustrie. Ob man darüber unbedingt glücklich sein muß, steht auf einem anderen Blatt.

Die Hoteliers in Torbole sind es auf jeden Fall. Denn das ehemalige Fischerdorf erlebte einen Boom wie kaum ein anderer Ort rund um den See. Schuld daran ist die freie Lage im Talausgang des Sarca, fast ein Amphitheater für die Windsurfer aus aller Welt. Im Nordwesten die schiefe Felsbank des Monte Brione, weiter östlich der Nagopaß und im

«DIESES BLAU HAT NICHT SEINESGLEICHEN»

Der Gardasee in Reisebeschreibungen

Ausblick vom Kastell in Torri del Benaco.

Schon die Römer haben sich für diesen einzigartigen See, umgeben von einer wundervollen Gebirgslandschaft und einer südlichen Vegetation, begeistert. Bis heute hat sich daran nichts geändert.

HERRLICHE KÜSTE DES BENACUS

Der Lago di Garda, an dessen Ufer man von Peschiera in einer Länge von dreyßig italienischen Meilen bleibt, hieß ehemals Benacus. [...] Die ganze westliche Seite des Sees, Riviera di Salò genannt, ist wegen der herrlichen Lage und schönen Gegend berühmt. Man zieht hier viel Pomeranzen- und Citronenbäume. Das ganze Ufer ist stark mit Menschen besetzt, und wegen der Fruchtbarkeit fleißig angebauet. [...] Die Bewohner dieser reizenden Gegend leben hier sicher und ruhig, und werden von der venezianischen Regierung bey ihrem Wohlstande nicht gedrückt. Man verläßt diese herrliche Küste des Benacus ungern.
D.J.J. Volkmann, aus: «Historisch-Kritische Nachrichten von Italien ...» (1778).

SEE IM MORGENDUFT

Breit liegt der See da im Morgenduft, und die Berge im dünnen Nebel; ein leises Wehen kräuselt in der Mitte die Wellen und macht ihn lebendig, und weckt seine Schönheit wie auf; er zieht sich hinten ins Tal hinein. Die eine Insel liegt lieblich in rötlichen Strahlen und sonnt sich. Eine Barke wallt leicht mit voll geschwelltem Segel darüber hin. Die Häuserchen am Ufer allein scheinen zu schlummern mit ihrer Unbeweglichkeit, und weil die Menschen noch nicht heraus sind. Die unabsehliche Kette von Gebirgen liegt wie eine neue Welt da, als ob sie bestimmt wäre, lauter Titanen zu tragen. Süßer rötlicher Duft bekleidet glänzend den östlichen Himmel, und die dünnen wollichten Wölkchen schweben still um den heitern Raum des Äthers, worin die Vögel entzückte Flüge zur Lust machen. Der herrliche Gang von Zypressen verändert linker Hand vor Sirmion lieblich die Szene, und sie stehen schön beleuchtet. [...]
Der See ist wirklich einer der schönsten, die ich je gesehen habe, so reizend sind dessen Ufer, und majestätisch und wild, und mit so vielem mancherleien Farbenspiel und Licht und Schatten erhebt sich das Gebirg darüber.
Johann Jakob Wilhelm Heinse, aus: «Tagebücher von der italienischen Reise» (1783).

DER SEE GARDA

Unweit Roveredo ist der See Garda, berühmt durch die Citronen- und Pomeranzenwälder, die seine südlichen Ufer bekränzen. Ein Anblick, dessen Neuheit und Reitz die von dieser Seite kommenden Reisenden von der Italienischen

Spätsommerliche Landschaft am Gardasee (Gemälde von Ury Lesser, 1897).

Landstraße ab, und zu ihm hin zieht. Ich eilte dahin, um diesen Anblick zu sehen; aber nur vor der letzten Anhöhe herab konnte ich die schöne Form des großen Sees, und die diesseitigen mit Ölbäumen dicht bepflanzten Ufer übersehen. Der See selbst war vom Sturm heftig bewegt. Schon hatte ich ein Boot bestiegen, das mich hinüber an das milde südliche Ufer bringen sollte, als der immer heftiger tobende Sturm die Überfahrt unmöglich

nicht geht, öffnet die Wasserrose ihre Blüthenblätter; das eine Blütenblatt legt sich über Rivoltella gegen das schmale Band von Sirmione hin [...]; das andere geht zu den Colli Benacesi mit den Cederngärten und dem Lorbeer; unten hin zieht der Wasserstrich mit den Weißpappeln, die ihre hohen hellen Stämme mit den zarten kleinen Wipfeln in der Fluth spiegeln, die die rothen und gelben und blauen und weißen kleinen runden Steine schlägt, sobald der Ostwind kommt.
Das sind Stimmungen, die Desenzano zu den schönsten Plätzen machen.
Ewald Haufe, aus: «Am Gardasee» (1901).

ZAUBER DER FARBE

Man muß schon vom Paradiese sprechen, will man den ersten Eindruck schildern, den das märchenhafte Blau des zu unsern Füßen sich dehnenden spiegelglatten, manchmal nur leise bewegten Gardasees in uns weckt. [...]
Dieses Blau hat nicht seinesgleichen auf der weiten Welt. Es ist die Schönheit sel-

Links: Ein Sturm zieht auf – bei Desenzano.

Schon Goethe war beeindruckt von den rasch wechselnden Stimmungen am See: sonnige Idylle (links; Gemälde von L. Gurlitt, 1839) oder sturmgepeitschte Wogen (oben).

machte, und ich, [...] meine Hoffnungen, in blühenden Orangenwäldern zu wandeln, aufgeben mußte.
Friedrich J. L. Meyer in seinen Reiseberichten «Darstellungen aus Italien» (1792).

SCHÖN WIE EINE WASSERROSE

Eines ist geblieben: Desenzano kann schön wie eine Wasserrose sein [...]. Wenn die Sonne scheint und der Wind

ber, eingefangen in den Zauber der Farbe. Man schaut nur immer hin, während sich Bilder, die man je im Leben entzückend fand, vom Untergrunde der Seele abheben. [...]
Bis schließlich alles Licht ist und Gesang, Wunder und Gnade, Madonna und Jungfräulichkeit, Dantes Paradiso ...
Der Literaturkritiker und Publizist Friedrich Muckermann in seinen Betrachtungen «Der Mönch tritt über die Schwelle» (1932).

Süden die gewaltige Felsformation des Monte Altissimo mit seinen 2078 Metern. Es ist schon ein grandioses Bild, wenn Hunderte von knallbunten Segeln über das aufgewühlte Wasser tanzen, dessen Farbe sich fast stündlich ändert: mal glänzt die Wasseroberfläche schwarz mit weißen Schaumkronen darauf, dann wieder ultramarin oder türkis.

Goethe, der am 12. September des Jahres 1786, von Rovereto kommend, bei abendlicher Sonne den See erblickte, schämte sich seiner Begeisterung nicht, als er schrieb: «Heute abend hätte ich in Verona sein können, aber es lag mir noch eine herrliche Naturwirkung an der Seite, der Gardasee, den wollt ich nicht versäumen, und bin köstlich für meinen Umweg belohnt . . .» Das war oben hinter dem Nagopaß, von wo es in steilen Spitzkehren hinunter nach Torbole geht. Wenn zwischen den ersten Ölbäumen und dunklen Zypressen plötzlich der See silbern glimmert, dann ist der Süden ganz nah, wird ein wenig von der latenten Italiensehnsucht greifbar, die die Menschen nördlich der Alpen schon seit Jahrhunderten in sich tragen.

In Garda glaubt sich dann mancher schon am Ziel, so üppig ist die Vegetation am Rand der windgeschützten Bucht von Rocca. Und es paßt geradezu verdächtig gut, daß die von dem Ostgotenkönig Theoderich erbaute Burg Schauplatz der Hildebrand-Sage sein soll. Der große Gotenkönig war nach dem Verfall des Weströmischen Reichs der einzige, dem – wenn auch nur für kurze Zeit – eine Synthese aus römischem Denken und germanischem Empfinden gelang. Später residierte Berengar von Ivrea auf dem Burgfelsen: ein mächtiger, verschlagener Fürst, unbedenklich in der Wahl seiner Mittel. Nach der Ermordung König Lothars von der Provence hatte er dessen schöne und junge Witwe Adelheid auf die Rocca verschleppt, um sie mit seinem Sohn Adelbert zu verheiraten. Durch diesen Schachzug wollte Berengar zunächst seinem Haus Ebenbürtigkeit verschaffen und sich sodann die Krone Italiens aufsetzen. Doch der feingesponnene Plan mißlang, weil Adelheid sich nicht nur weigerte, diese Ehe einzugehen, sondern es ihr auch auf abenteuerlichste Weise gelang, aus der Festung Rocca di Garda zu fliehen; später heiratete sie Kaiser Otto den Großen. Der fühlte sich seiner Gattin verpflichtet, besiegte Berengar 953 vernichtend und brachte ganz Oberitalien unter seine Herrschaft.

Von der Burg auf der Rocca ist kaum ein Stein auf dem anderen geblieben, auch wenn sie erst im 16. Jahrhundert endgültig zerstört wurde. Trotzdem gibt es keinen Ort rund um den Gardasee, an dem wir der geheimnisvollen Sehnsucht, aber auch den Irrwegen nach Italien so nahe sind: Adelheid, Hildebrand, Friedrich Barbarossa, der lange und vergeblich versuchte, Rocca zu erobern. Alles Namen, die der Phantasie keine Grenzen setzen.

Garda selbst war bis weit ins 19. Jahrhundert hinein ein stilles, liebenswürdiges Städtchen. Der venezianische Statthalter regierte zu Zeiten der «Gardesana dell'Acqua» im Palazzo dei Capitani, der heute eine Bank beherbergt und früher der Familie Carlotti gehörte. Im Sommer ist Garda – wie die anderen Städte am Ufer auch – restlos von Touristen überlaufen, so daß seine Schönheiten kaum zur Wirkung kommen. Dabei reiht sich in der winkligen Altstadt von Garda ein Palazzo an den anderen, ducken sich mittelalterliche Gasthöfe und kleine Kapellen hinter den ehemals wehrhaften Mauern. Das nördliche Tor zur Altstadt ist Teil des ehemals prächtigen Palazzo Fregoso, dessen Substanz zum Teil im Gewirr späterer Überbauungen verschwunden ist.

Zum See hin erstreckten sich früher kleine Orangengärten, die Cesare Fregoso, Sohn eines genuesischen Dogen, anlegen ließ. Durch einen Kanal mit dem See verbunden, konnten die feinen Herrschaften mit ihren Gondeln bis vor das Portal des Palasts fahren, was vor allem die Damen entzückte, wie sich in der Stadtchronik nachlesen läßt.

Rechte Seite: Bilder aus der «guten alten Zeit», die in vielen Orten rund um den See gar keine solche war. Erst durch den Tourismus kam in die Region der wirtschaftliche Aufschwung, wie in Riva (oben; Fotografie, um 1920) und Arco (unten; Fotografie, um 1920). Hier verbrachten in der k.u.k.-Zeit das gut situierte Publikum und die Prominenz ihre Sommerfrische. Das Alltagsleben behielt trotz des Tourismus noch lange seinen ländlichen Charakter (unten rechts; beide Fotografien von 1923).

Weinköstlichkeiten rund um den Gardasee

Mag sein, daß auf diesem Weg auch die Weinfässer aus dem benachbarten Bardolino in den Keller der Fregosi gelangten. Der hellrote, leichte und trockene Wein galt schon damals als idealer Begleiter für alle Nudelgerichte und helles Fleisch, im Gegensatz zum dunkleren Valpolicella aus den Großlagen jenseits der Etsch. An der Beliebtheit des

HOTEL IMPERIAL
LINZ

K.K.T

GRANDIOSES PATHOS

Villen und Landhäuser der Belle Epoque

Der Dichter D'Annunzio (Foto von 1927).

Drei Jahrzehnte Massentourismus haben den romantischen Villen am Südufer des Sees ihren Charme nicht rauben können. An der Brescianer Riviera weht noch der Hauch von großer Welt und altem Geld.

Kopien berühmter Statuen schmücken D'Annunzios Mausoleum im «Vittoriale degli Italiani».

Nur im häßlichen Teil des Herzens denkt man zuerst: Welch großartiger Kitsch! Dann aber faszinieren die Widersprüche des *Vittoriale degli Italiani*, des «Siegesdenkmals der Italiener», in Gardone mehr als alle Prinzipien des Geschmacks. Als der Schriftsteller, Politiker, Kriegsheld und Sammler Gabriele d'Annunzio 1921 zum ersten Mal die Villa Cargnacco besichtigte, entschied er sich sofort zu bleiben. Vielleicht haben ihn die vielen Rosensträucher überall im Garten dazu animiert. Oder der Steinway-Flügel aus dem Besitz von Franz Liszt, der in diesem Haus verwahrt wurde. Wahrscheinlicher ist, daß der exzentrische D'Annunzio irgendwann während seines Besuchs zum See hinunterblickte, das silbrige Licht zwischen tiefgrünen Zypressen in sich aufnahm und den blassen Saum des Ufers sah. Dabei war er beileibe nicht der erste, den diese Stimmung für immer gefangennahm. Zu allen Zeiten bauten sich die Reichen und Mächtigen zwischen Riva und Sirmione ihre Paläste, legten kunstvolle Gärten an und ließen die Springbrunnen tanzen. Zuletzt kamen die Wiener Fabrikanten, die russischen Großfürsten und englischen Spekulanten an die Brescianer Riviera, wo sie ihr Geld endlich in Blattgold, Stuck oder Marmor verwandeln konnten. Nichts nimmt allerdings die Phantasie der Besucher stärker in Anspruch, als Gabriele d'Annunzios «Vittoriale degli Italiani», mit seiner Villa, der großen Gartenanlage und dem Mausoleum D'Annunzios. Fast 300 000 Besucher pilgern jährlich auf den Hügel über Gardone, bewundern den weißen Pomp, die orientalisch eingerichteten Zimmer der Villa oder das Kriegsschiff des eitlen Comandante, das wie ein gestrandetes Wrack im Park der Villa liegt.

Ein Rundgang durch die Villa erweckt den Eindruck, als sei hier nach den Prinzipien barocker Theaterinszenierung verfahren worden: Ein Maximum an Dingen

Land der Villen und Gärten: Zufahrt zur Villa Fenaroli in Rezzato mit ihrer großen Parkanlage (links oben).

Villa Guarienti an der Punta San Vigilio (links Mitte).

Die Hauptfassade der Villa Bettoni bei Bogliaco (unten).

Blick auf die Gartenfassade der Villa Bettoni (rechts oben).

Impressionen aus dem «Vittoriale degli Italiani» in Gardone (rechts Mitte).

in einem Minimum an Raum. Allein im blauen Badezimmer D'Annunzios sind über 1000 (!) exklusive Gegenstände für die Körperpflege versammelt, von den unzähligen Kissen und Schuhen ganz zu schweigen. Der Exzentriker liebte die große Inszenierung. So drapierte er im Eßzimmer das blutverschmierte Hemd eines Kriegskameraden neben der durchlöcherten Tragfläche seines Flugzeugs, dazu die Standarte von San Marco, verziert mit einem Juwel, in dem sich das rötliche Licht des Raums widerspiegelt.
Verlassen wir die Bühne des narzißtischen Comandante D'Annunzio in Richtung Gardone. In einem Park mit Steineichen, direkt am Seeufer, steht die *Villa Fiordaliso*, vielleicht das eleganteste Gebäude am Gardasee. Eine Zeitlang wohnte Claretta Petacci hier, besser bekannt als Geliebte des Duce. Die Villa brachte ihr kein Glück, trotz aller Marmorbäder und Kristallüster: Zusammen mit Mussolini wurde sie von Partisanen erschossen und in Mailand an einem Garagendach aufgehängt. Heute beherbergt das Schlößchen ein Luxushotel: Mosaiken in fast allen Räumen, wuchtige Kassettendecken und kunstvolle Holztäfelungen verströmen den Charme der Belle Epoque, kombiniert mit flauschigen Bademänteln und Silberleuchtern. Zum Bootssteg schreitet die zahlende Klientel heute unter einem weißen Zeltdach, während im Park die Nachtigallen betörend trällern.
Fast so unwirklich mutet auch die Pracht des *Palazzo Bettoni* in Bogliaco an. Im Gegensatz zur Villa Fiordaliso handelt es sich hier allerdings um eine veritable Schloßanlage aus dem 18. Jahrhundert. Die Grafen Bettoni bauten um 1750 den langgezogenen Palast direkt am See. Das Innere des Palazzo enthält kostbares Interieur und eine Sammlung diverser Werke von Correggio, Veronese, Canaletto, aber auch von Dürer, Holbein und Cranach. Angeblich soll Goethe hier zu seiner berühmten Mignon-Ballade (*siehe auch Seite 1*) inspiriert worden sein: «Kennst Du das Land wo die Zitronen blühn . . .» Verständlich wäre es. Die Brescianer Riviera bekommt spätestens hinter Bogliaco einen Hauch von großer Welt und altem Geld, mit Grand Hotels wie dem bezaubernden *Hotel Laurin* in Salò und Seepromenaden, eleganten Belle Epoque-Villen wie die *Villa Alba* bei Gardone Riviera und großzügig angelegten Palmenalleen. Es ist erstaunlich: Die alten Villen des Südens haben sich – trotz fortschreitendem Massentourismus – ihren besonderen Charme bewahrt. *Ernst Hess*

Im Botanischen Garten von Gardone.

Als ein Urlaub am Gardasee noch den Hauch von Exklusivität hatte – Werbeplakate für den Gardasee und Verona aus den zwanziger und dreißiger Jahren.

Bardolino hat sich seit den Tagen der Venezianerherrschaft nichts geändert, so daß die Winzer aus Cavaion, Calmasino oder Lazise ihr gutes Auskommen haben. Das zeigen auch die zahlreichen prächtigen Villen in Pacengo und Colà, mitten im hügeligen Rebland gelegen und schon seit Jahrhunderten im Besitz von wohlhabenden Weinbauern.

Der zweite große Wein des Veronese ist der Valpolicella – gelegentlich mit einer Spur Bittermandelaroma –, recht frisch und trocken. Die Weinberge zwischen der Etsch und Verona ziehen sich weit hinauf in die Lessinischen Berge, wo auch noch ein zweiter Rotwein, der samtige Recioto, wächst. Wegen seines deutlichen Bittermandelgeschmacks wird er von den Bauern «Amarone» genannt und gilt als ausgesprochener Dessertwein. Praktisch das gesamte Südufer hinter der Linie Montinelle-Bardolino ist ein einziger Weinberg. Und je nach Geschmack findet jeder Liebhaber seinen Tropfen, ob weiß, rot oder rosé. Der Chiaretto del Garda, ein angenehmer, leicht herber Roséwein, paßt am besten zu Fischgerichten, die in den unzähligen Restaurants und Trattorien rund um den See natürlich auf der Karte dominieren. Den Valtellina trinken die Bewohner des Garda am liebsten als «Grumello» und «Inferno» zu Käse oder geräuchertem Fleisch, während die Forelle meist in Begleitung eines Lugana serviert wird. Das ist ein kräftig gelber, frischer Wein vom Südufer, wo auch der «Tocai di San Martino della Battaglia» wächst. Manche Reiseführer halten den Hinweis für angebracht, daß der hellgelbe Tocai den Weinen der Champagne deshalb verwandt sei, weil auch auf den dortigen Schlachtfeldern soviel Blut vergossen worden ist. Das spricht nicht unbedingt für den Geschmack der Verfasser, andererseits fand das blutige Gemetzel zwischen Franzosen und Österreichern im Jahr 1859 tatsächlich in den unschuldigen Weinbergen von Solferino statt.

Zum Veronese gehört schließlich auch noch der beliebte Soave, ein leichter, trockener Weißwein, der vielleicht unserem Riesling am nächsten steht. Daneben gedeiht am gleichnamigen Flüßchen östlich der Stadt Verona ein starker Recioto, der aus Malvasier-Trauben gekeltert wird und als Aperitifwein hervorragend geeignet ist.

Mit dekorativen Plakaten warb das italienische Fremdenverkehrsbüro schon früh für den Gardasee und Verona.

Faszination und Charme: Verona

Verona und der Gardasee sind nicht unbedingt voneinander abhängig. Sowohl die Stadt als auch die Landschaft können ohne weiteres für sich allein existieren. Aber eine idealere Ergänzung von einem ähnlich großem Reiz wird man in Europa wohl kaum finden.

Das zeigt sich vielleicht am deutlichsten auf der Piazza delle Erbe, dem Forum des römischen Verona und heutigem Gemüse-, Obst- und Blumenmarkt. Hier bricht die farbige Fülle der Gardesana mitten hinein in die alte Festung: weinnasige Bauern aus Bardolino, Marktfrauen hinter Bergen von Tomaten und Salat von den Lessinischen Hügeln, Gutsverwalter, Viehzüchter, Blumen- und Lottoverkäufer. Ein Gewirr von Schirmen, Fässern, Körben und Leiterwagen, unentwirrbar und doch einer geheimnisvollen Ordnung unterworfen. Rund um den Marktbrunnen mit der Madonna Verona die feinen Fassaden mittelalterlicher Palazzi, Laubengänge aus Granit und Marmor, darüber die Loggien und Erker der Renaissance, überragt vom Torre del Gardello – welch ein Platz! Und welch ein Kontrast zwischen den derben Bauerngesichtern auf dem Markt und den eleganten Skulpturen an der Fassade des Palazzo Maffei, die aristokratisch-gelangweilt auf das bunte Treiben zu ihren Füßen herabblicken.

Vielleicht fasziniert Verona deshalb so, weil sich die Stadt in kein Klischee pressen läßt. Was heißt schon «römisch» angesichts der Fülle barocker Architektur des 16. und 17. Jahrhunderts? Und warum soll Verona «typisch italienisch» sein, wenn sich überall Spuren und Hinweise deutsch-österreichischer Provenienz finden? Nur eines läßt sich der Stadt Verona auf keinen Fall absprechen: Sie hat Harmonie und Maß. Und sie hat eine bewegte Geschichte, deren Glanz noch immer allgegenwärtig ist.

Schon unter dem Gotenkönig Theoderich dem Großen, der Italien von 493 bis 526 regierte, war Verona eine der drei oberitalienischen Hauptstädte. Später kamen die Langobarden unter ihrem König Alboin, den die Sage als besonders grausamen

Menschen schildert. Daß er 572 vom Geliebten seiner Gattin Rosamund, einem gewissen Helmich, im Schlaf ermordet wurde, schien seinen geplagten Untertanen nur wie ein gerechter Wink des Himmels. Fast siebenhundert Jahre später fand man unter der Treppe des Königspalasts seine Gebeine. Und zur Erinnerung taufte der damals regierende Signore von Verona, Alberto della Scala, einen seiner Söhne auf den Namen Alboin.

Das Regiment der kaisertreuen Scaliger führte zur ersten Blüte Veronas, die immerhin mehr als hundert Jahre dauerte. Die Della Scala waren zwar nicht von adliger Abstammung, gewöhnten sich allerdings rasch an die Privilegien und das stolze Auftreten dieses Standes. Nicht zum Nachteil für die Stadt, denn schon unter Cangrande I. gerieten Padua und Vicenza unter Veroneser Herrschaft, waren Dante und Giotto stolz, am Hof des Scaligers leben zu dürfen. Zu dieser Zeit entstand auch das gewaltige Schloß an der Etsch, das Cangrande II. im Jahr 1356 vollendete. Das Castelvecchio beherbergt heute das Kunstmuseum mit einer reichen Gemäldesammlung der Veroneser Schule: Stefano da Verona, Girolamo dai Libri, Caroto, Pisanello und Paolo Veronese.

Die Versuchungen der Macht waren auch für die Scaliger schließlich zu groß. Brescia, Lucca und Parma wurden kurzfristig erobert und wieder verloren; mit Brudermord und anderen Untaten räumten die Herren della Scala unter sich auf: Cangrande III., der den schmeichelhaften Namen «Rabisio» – der große tollwütige Hund – erhielt, überzog das Land mit ewigen Kriegen, bis ihn sein Bruder Cansignorio ermordete. Ihm folgten seine unehelichen Söhne Bartolomeo und Antonio als Machthaber nach, bis im Jahr 1381 Antonio seinen Bruder Bartolomeo ermorden ließ, um allein regieren zu können. Seiner Beute wurde der Brudermörder und Despot allerdings nicht lange froh. Dauernd lag er im Krieg mit den Herren von Mailand und Padua, den mächtigen Visconti. Als Giangaleazzo Visconti schließlich Verona stürmte, war die Stadt den Tyrannen Bartolomeo zwar los, hatte aber auch ein für allemal ihre Unabhängigkeit verloren.

Fast hundert Jahre zuvor ließ das berühmteste Liebespaar der Welt im Verona der Scaliger sein junges Leben. Romeo Montecchi lernt auf einem Maskenball die schöne Erbin des Hauses Capuleti kennen – Shakespeares Julia. Man verliebt sich unsterblich, schwört sich ewige Treue und heiratet heimlich in einer verschwiegenen Einsiedelei bei Verona. Der Rest darf als bekannt vorausgesetzt werden: die berühmte Balkonszene ebenso wie das Melodram aus Irrtum, Gift und Selbstmord. Solche Geschichten kann und darf nur das Leben schreiben; kein Drehbuchautor würde es wagen, den Veroneser Stoff einem Produzenten unserer Tage anzubieten. Shakespeare konnte es noch, weil er ein Genie im Aufbau dramatischer Handlungen war, und er aus seinem Jahrhundert die blutigen Familienfehden bis zum Überdruß kannte.

Verona stand nur kurze Zeit unter der Herrschaft der Mailänder Visconti, dann riß der venezianische Löwe das oberitalienische Juwel für fast vierhundert Jahre an sich. Nicht zum Schaden der Stadt, die unter dem Schutz der Serenissima Venedig friedlich blühte und deren Bürger sich mit Stierkämpfen, Opern und Hinrichtungen in der römischen Arena die Langeweile vertrieben. Daß in dem antiken Amphitheater, das über 20 000 Zuschauer faßt, auch käufliche Liebe feilgeboten wurde, spricht für die universelle Nutzbarkeit klassischer Architektur; man sollte das nicht zu prüde sehen.

Als Bonaparte 1796 in Verona einmarschierte, besuchte er schon am nächsten Tag die Arena, wo gerade eine Meute wilder Hunde auf einen Stier losgelassen wurde. Der Stier wehrte sich tapfer, tötete zahlreiche Hunde, ehe auf Napoleons Befehl eine zweite Meute eingelassen wurde, die dem armen Rindvieh dann rasch den Garaus machte.

Nach der Niederlage Napoleons bei Waterloo kam Verona wieder an Österreich, und unter Metternichs geistiger Führung faßte hier im Jahr 1822 ein Fürstenkongreß die gleichnamigen Beschlüsse zur Unterdrückung aller freiheitlichen und nationalen Bewegungen. Die nachfolgende Zensur bemächtigte sich selbst der Notenpartituren, denn als Gioacchino Rossini zwei von ihm komponierte Kantaten dirigieren wollte, mußte der Text zuvor dreimal umgeschrieben werden. Endlich wurde auch Verona – wieder einmal – befreit: Am 16. Oktober 1866 besetzten italienische Truppen die Stadt.

Fortsetzung Seite 60

Torbole, einst ein verschlafenes Fischernest, ist heute ein stark besuchter Ferienort und besonders bei Surfern beliebt (siehe Seite 52). Das kleine weiße Haus am Hafen ist ein österreichisches Zollhäuschen aus dem 18. Jahrhundert. Der Nordzipfel des Gardasees gehörte bis 1919 zu Österreich.

Nächste Doppelseite: Blick auf Torbole und die Bergkulisse am Westufer. Hier mündet die Sarca, der einzige nennenswerte Zufluß in den Gardasee.

Hotelpalast in Riva del Garda. Die Fassade nimmt die für die mittelalterlichen Bauten der Region typischen Bogengänge als architektonische Form auf.

Der als Park angelegte Hauptplatz von Arco, das architektonisch noch viel aus der Glanzzeit Altösterreichs bewahrt hat. Im Hintergrund links das Wahrzeichen der Stadt: der markante Felsen mit der Burg Arco.

Auf dem Blumenmarkt in Riva. Die Bewohner von Riva sind große Blumenliebhaber. Selbst auf dem kleinsten Balkon findet sich Platz für üppigen Blumen- und Pflanzenschmuck.

Nächste Doppelseite: Eldorado für Surfer. Besonders an den Wochenenden wimmelt es zwischen Riva und Malcesine von unermüdlichen Surfern, die bei – fast – jeder Witterung ihr Glück im Wind suchen (siehe Seite 52).

made

IN VOLLER FAHRT AUF DIE WAND ZU ...

Torbole ist das Starkwind-Revier der Surfer

Mit 50 Stundenkilometer übers Wasser.

Mit der beschaulichen Ruhe am Nordufer des Gardasees ist es längst vorbei. Das Dreieck zwischen Riva, Torbole und Malcesine gehört den Windsurfern, die sich hier auf dem See richtig austoben.

Der See ist auch Traumrevier für Segler.

Vielleicht ist es auf Hawaii schöner, vor Sylt rauher und auf den Malediven ein paar Grad wärmer. Aber richtige Surfer lassen in Europa kein anderes Starkwind-Revier gelten als den Gardasee: In voller Fahrt auf die Felswand vor Riva zuhalten, wo der Wind gewaltig an Schub zulegt, das Brett vom Kamm ins Wellental stoßen, den Slalom zwischen Gischt und Wasser tanzen wie auf einer vereisten Buckelpiste – das ist es! Die Morgensonne teilt den See wie mit dem Messer in zwei Hälften: Kälte und Schatten im Osten, jenseits der Lichtgrenze sattes Türkis unter weißen Schaumkronen. Sechs Uhr morgens, aber ganz Torbole scheint schon auf dem Wasser. Konstant bläst der Wind aus dem Sarcatal (*siehe Seite 59*), packt sich Hunderte von Segeln und katapultiert die weißen Plastikbretter über die Gischt. Die Profis aus Bayern oder aus Milano fahren eine *Power-Halse* nach der anderen – exakt auf der «Licht-Schatten-Linie». Nicht einmal Fliegen ist schöner. Jedenfalls sollten die alten Reiseführer eingestampft werden, in denen Torbole noch als Fischerdorf mit Goethe-Erinnerung beschrieben wird. Hafen und Uferstraße von Torbole

Auf den Wind ist hier wirklich Verlaß.

sind zugeparkt, Segel und Bretter füllen auch den letzten Zitronenhain, in den Boutiquen stapeln sich die neuesten Trendklamotten aus Fallschirmseide oder Plastik. Das «Facelifting» hat der alten Dame Garda wohl gut getan, denn die

Kaum daß der Vento oder die Ora einfallen, bevölkert sich der See vor Torbole in Sekundenschnelle mit den bunten Segeln der Surfer. So plötzlich wie er kommt, flaut der Wind auch wieder ab. Die Wendebojen der Segelregatten liegen wegen der vielen Surfer weiter südlich.

Hotels im Norden sind fast immer ausgebucht, und die Surfschulen schreiben Jahr für Jahr schwärzere Zahlen. Früher war es genau umgekehrt. Der fjordartige Norden des Gardasees verkümmerte Anfang der siebziger Jahre unbeachtet, während am südlichen Ufer des Sees die Hotels wie Pilze aus dem Boden schossen – bis jemand das Surfbrett erfand und Torbole damit einen Boom bescherte, dessen Ende noch nicht abzusehen ist. Denn nirgendwo in Europa ist auf die Winde soviel Verlaß; von sechs bis neun Uhr in der Früh tobt der *sover* aus dem Norden, nachmittags läßt die *ora* in Gegenrichtung die Segel knattern. Ganz toll wird der Schub durch plötzliche Fallwinde aus dem Ledrotal oder vom Nagopaß, die den See binnen Sekunden in ein schäumendes Inferno verwandeln. «Fliegendes Wasser», warnen die Surflehrer, sei die größte Gefahr. Jedes Jahr gibt es tödliche Unfälle.

Das klingt dramatisch, wenn man die Anfänger in der Bucht von Malcesine bei ihren Verrenkungen beobachtet. Auf der Kante steht hier keiner, Sinkerwende, Luvkreisel oder Speedhalse werden allenfalls an der Hotelbar gefahren. Die Stars der Szene toben sich weiter nördlich aus, in der «Düse», wie die engste Seestelle am *Corno di Reamol* treffend heißt. Bei Starkwind rasen die Funboards und Floater in atemberaubenden Manövern über die sturmgepeitschten Wellen. Ohne Schwimmweste und Neoprenanzug geht da keiner aufs Brett. Wer hier den *body drag* zeigt oder sein Brett kurz vor der Steilküste zur *slam jibe* zwingt, dem gehört der Gardasee. Kalifornier sind dabei, Franzosen und natürlich die Bayern, für die Torbole ein Münchner Vorort ist wie Unterhaching oder Grünwald.

Natürlich wird auf dem See auch gesegelt. Die schönsten Segelreviere liegen in der Umgebung von Gargnano. Dort, wo der See endgültig aus den Alpen heraustritt, ist er am malerischsten. Man fährt weder im dichten Surfer-Pulk, noch langweilt die Campingplatz-Monotonie des platten Südens. Anfang September steigt hier alljährlich die *Centomiglia*, vielleicht die bedeutendste Binnensee-Regatta Europas. In Bogliaco am Westufer gehen die teuren «Rennziegen» an den Start, «fliegen» übers Wasser nach Norden zum Corno di Reamol und dann hinunter zur Boje von Desenzano, wo der noble «West Garda Yacht Club» beheimatet ist. «Nichts gegen die Surfer», sagt einer der Herren im wappengeschmückten Blazer milde, «aber die Formel 1 auf dem Wasser, das sind nun einmal immer noch wir.» *Ernst Hess*

Die senkrecht aufragenden Kalkfelsen am Nordufer des Gardasees sind ein Paradies für Freeclimber: Aus geringer Höhe riskieren die Kletterfreaks oft sogar einen Sprung in den See. Zudem gibt es hier auch eine Reihe gesicherter Klettersteige, die unvergeßliche Ausblicke erschließen.

Die Landschaft um den Gardasee bietet auch viele ruhige Plätze wie hier bei Nago. Kaum vorstellbar, daß die Venezianer ungefähr an dieser Stelle 1435 bei dem legendären «Landgang der Schiffe» ihre Kriegsflotte den Steilhang nach Torbole abseilten, da der Wasserweg vom Süden zum See her von den Mailändern besetzt war.

Der Burgfelsen von Arco. Es ist kein Wunder, daß bei dieser Naturkulisse alljährlich in Arco, dem Mekka der Freeclimber, internationale Kletterwettbewerbe stattfinden, die Tausende von Zuschauern anziehen.

Nächste Doppelseite: Das romantisch gelegene Castel Toblino im Sarcatal mit seinem zinnenbewehrten Park war im 16. Jahrhundert Sommerresidenz des Trienter Fürstbischofs Madruzzo und Schauplatz einer tragischen Liebesgeschichte (siehe auch Seite 59).

Der Neptunbrunnen auf dem Domplatz von Trient. Einen Hauch von mediterraner Leichtigkeit und Lebensfreude verleihen der Piazza die Wasserspiele der Putti und Tritonen.

SIESTA AM LAGO DI TOBLINO

Durch das Sarcatal

Hinter dem alten Dorf Dro beginnt die bizarre Trümmerlandschaft der Marocche. Es gibt keinen schöneren Weg vom Gardasee nach Norden als über Castel Toblino und die Hügel von Vezzano.

Vendôme, Marschall von Frankreich, ließ 1703 die Burg von *Arco* in die Luft sprengen, erbost über den Widerstand ihrer Verteidiger. Geblieben sind Ruinen mit ghibellinischen Zinnen, das Grün der Zypressen unter blauverchromtem Himmel, Felsen und Palmen. Ein spektakulärer Eintritt ins Tal der Sarca, nur einen Steinwurf von Riva entfernt.

Fährt man in Arco über die Brücke, so stößt man auf das Kirchlein *San Rocco*. Jeder Quadratzentimeter im Innern ist von Schülern des großen Andrea Mantegna ausgemalt, mit illusionistischen Landschaften, Architekturen und Engeln.

Drei Straßen führen von hier aus nach *Toblino*. Doch die schönste Straße windet sich hinter dem alten Dorf *Dro* durch die bizarre Trümmerlandschaft der *Marocche*, deren häusergroße Gesteinsbrocken das Tal einst fast unpassierbar machten. 187 Millionen Kubikmeter sollen es gewesen sein, die nach dem Abzug der Gletscher vom Monte Brento oder Monte Granzoline ins Sarcatal stürzten. Wie man das so genau auf den Kubikmeter berechnet haben will, bleibt ein Rätsel.

Ein Rätsel bleibt auch der Tod der schönen Claudia Porticella. Im romantisch gelegenen *Lago di Toblino* soll Claudia, die verbotene Geliebte des Trientiner Fürstbischofs Carlo Emanuele Madruzzo, auf mysteriöse Weise ertrunken sein, umgebracht von ihrem Bruder, um die Ehre der Familie Porticella wiederherzustellen. Eine tragische Liebe, die ebenso wie die Geschichte von Romeo und Julia Stoff für viele literarische Versionen lieferte. Die schicksalhafte Romanze paßt zum verblichenen Prunk des *Castel Toblino*, zu den verwaschenen Renaissance-Malereien und rußgeschwärzten Türen. Da steht man erneut vor der Realität der Ansichtskarten: ein See von intensivem Blau, unter gewaltigen Felswänden, gerahmt von Schilf, Steineichen und Weinbergen. Man steigt ins Boot, kann oder will nicht rudern und treibt dahin. Irgendwann verschwimmt die Halbinsel mit ihren Zinnen, Türmen und Mauern im Dunst, Claudia und ihr Bischof – es können aber auch zwei Touristen sein, auf dem Weg nach Trient oder Riva – sitzen auf der Terrasse des Schloß-Restaurants, und der gelbgrüne Nosiola perlt im Glas.

Im romantisch gelegenen Toblino-See, Station auf dem Weg von Riva nach Trient, spiegelt sich eine großartige Naturlandschaft.

Von Toblino aus steigt die Straße hinauf zum Paß von *Vezzano*, der eigentlich eher ein bescheidener Hügel ist. Blickt man zurück nach Süden, so erscheint das Licht am Ausgang des Sarcatals immer heller. Selbst die Felswände schimmern in zarten Grau- und Blautönen, verschachtelte Dörfer hängen an den Felsen. Weiter führt der Weg durch das Tal in Richtung Trient. *Terlago* ist ein Ort am Ende der Fahrt. Zur Zeit des Konzils von Trient erholten sich hier Kardinäle und Prälaten vom hitzigen Disput über Erbsünde und Ablaßhandel. Ein wenig heruntergekommene Palazzi, verwitterte Kirchen – mehr ist nicht übriggeblieben von der geistlichen Sommerfrische. Als die Konzilväter abreisten, fiel Terlago durch das Sieb der Geschichte.

Dem stolzen *Trient* ging es nicht viel besser. Noch heute scheint die Stadt unter der Bedeutungslosigkeit zu leiden, in die sie nach Abschluß des Konzils versunken war. Trient wirkt irgendwie leer, müde, so, als habe das Konzil von Trient – die große Stunde der Weltgeschichte – alle Lebenskraft der Stadt verbraucht. *Ernst Hess*

Manche vermuten die Seele der Stadt im steinernen Krater der Arena, die wohl unter dem römischen Kaiser Diokletian entstand. Zugegeben, die nächtlichen Operndarbietungen unter südlichem Sternenhimmel sind spektakulär im besten Sinn, ihre künstlerische Qualität zumindest befriedigend. Andererseits begann die «Stagione lirica nell'arena di Verona» erst am 10. August 1913 – ein Wimpernschlag der Zeit also, verglichen mit der mehr als zweitausendjährigen Geschichte der Stadt.

So spricht einiges für das Castelvecchio als Herz Veronas. In der Burg des Cangrande hat man der Malerei des Quattrocento ein Denkmal gesetzt: Den Bellini, Pisanello, Mantegna oder Caliari. Vielleicht ist die Veroneser Malerschule sogar der kürzeste Weg ins italienische Mittelalter, trotz Siena, Lucca oder San Gimignanos Türmen. Nehmen wir zum Beispiel Girolamo dai Libri – keiner der ganz Großen, aber ein um so liebenswerterer Maler Veronas und des Gardasees. Im Jahr 1475 in Limone geboren, signierte er seine Bilder gelegentlich mit einer Zitrone, die wie achtlos am Boden liegt. Als er seine «Kreuzabnahme» malte, war er gerade sechzehn, und die Stadt feierte ihn bereits wie einen Unsterblichen. Girolamo dai Libri muß den See geliebt haben, denn immer wieder tauchen die Berge und Dörfer seiner Heimat als Hintergrund frommer Szenen auf; kaum eine Landschaft ohne das türkisblaue Wasser. Und seine Madonnen sind oft blonde Frauen mit einem weichen Gesichtsausdruck, der uns eher süddeutsch anmutet.

Ausflug ins Trentino

Damit ist die Verbindung zu Trient oder Trento hergestellt, der aristokratisch-frommen Bischofsstadt nördlich des Gardasees. Ihre Architektur ist wohl italienisch, ihre Geschichte tirolisch-deutsch, ihre Menschen sind eine offensichtlich geglückte Mischung aus beidem, wie der deutsche Schriftsteller Heinrich Heine in seinen «Reisebildern» konstatierte. Im Castello del Buon Consiglio von Trient regierten die Fürstbischöfe mehr als sechshundert Jahre, stets auf der Hut vor den Machtgelüsten Venedigs. Das führte zur engen politischen Anlehnung an die Grafen von Tirol, später die Habsburgermonarchie, die Trient nach Ende des Ersten Weltkriegs an Italien verlor.

Warum die Stadt ein wenig in Vergessenheit geraten ist, hat die Verfasser von Kunst- und Reiseführern immer wieder beschäftigt. Vielleicht rührt es einfach daher, daß die Autobahn nach Venedig, Florenz und Rom führt, daß Trient zu weit im Norden liegt und die Sehnsucht dem Süden gilt. Die eleganten Palazzi der Lodron, Thun, Galassi oder Alberti-Colico zählen gleichwohl zum Feinsten, der Dom mit seinem gedämpften Licht und den zwiebelgekrönten, romanischen Türmen gilt Kennern mehr als manch protzige Kathedrale. Und obwohl die Österreicher im Schloß eine Kaserne unterhielten, bezaubert die Spätrenaissance-Dekoration heute noch immer die Betrachter.

Vergessen wir nicht, daß Trient für die Dauer des neunzehnten Konzils, des sogenannten Tridentinums, von 1545 bis 1563 Mittelpunkt des politischen Lebens Europas war, zumal in der zweiten Sitzungsperiode sogar Vertreter der Protestanten zeitweilig teilnahmen. Aber die Vorstellung, die Einheit des christlichen Glaubens aufrechterhalten zu können, war angesichts der divergierenden Interessen zum Scheitern verurteilt. Was blieb, war die Gegenreformation und eine leidlich reorganisierte katholische Kirche, waren leere bischöfliche Kassen und ein schleichender Machtverfall der Stadt Trient. Den Schlußstrich unter die fromme Selbstherrlichkeit zog schließlich Napoleon, der die immer noch mächtigen Fürstbischöfe an ihre seelsorgerischen Pflichten erinnerte.

Zurück zum See, oder doch in seine unmittelbare Nähe. Fast ebenso stiefmütterlich wie Trient behandeln die Touristen auch Brescia, trotz seiner schönen Plätze und reichen Paläste. Mag sein, daß sich die Stadt nicht wie Verona auf den ersten Blick erschließt, daß der Industriegürtel ein wenig den Blick verstellt. Aber nach ein paar Tagen zwischen Piazza della Loggia und Monte Cidneo erliegt man unweigerlich dem Charme ihrer vornehmen Architektur, ihrer Straßencafés und Restaurants, dem bukolischen Reiz kleiner Parks und Kastanienwäldchen. An der Via dei Musei ließ der römische Kaiser

Zu den Hauptwerken der gotischen Kunst um 1400 zählen die Fresken mit den Darstellungen der zwölf Monate im Adlerturm des Castello di Buonconsiglio in Trient. Auf dem Monatsbild für den Mai, dem Monat der Liebe, vergnügt sich die kultivierte höfische Adelsgesellschaft vor den Toren der Stadt in der üppig blühenden Natur.

161

Incominciia la terça cantica della Come
dia di Dante Allighieri da firenze · la
qual cantica e decta Paradiso · Doue
si tracta della gloria et beatitudine che
riceuono lanime sancte che quiui sono
Prohemio aquesta parte · Capitulo · j ·

La gloria di
colui che tuc
to moue
Per luniuer
so penetra et
risplende ·
In una parte
piu et meno
altroue
Nel ciel che
piu della sua
luce prende
fui io et uidi
cose che ri
dire ·
Ne sa ne puo
chi di la su
discende ·
Perche appressando se al suo disire
Nostro intellecto si profonda tanto
Che dietro la memoria non puo ire
Veramente quantio del regno sancto
Nella mia mente potei far thesoro
Sara ora materia del mio canto
O buono Appollo allultimo lauoro
Fammi deltuo ualor si facto uaso
Come dimandi adar lamato alloro

Der Dichter Dante Alighieri (1265 bis 1321) lebte, nachdem er als Führer der kaisertreuen Ghibellinen aus Florenz verbannt worden war, am Hof der Scaliger in Verona. Sein Hauptwerk «Divina Commedia», die «Göttliche Komödie», schildert die visionäre Wanderung des Dichters durch die Hölle, das Fegefeuer und den Himmel (Handschrift der «Divina Commedia», 14. Jahrhundert).

Antonio Pisano, genannt Pisanello (um 1395–1455), erhielt wahrscheinlich in Verona seine Ausbildung als Maler. Von ihm stammt der Freskenzyklus der Georgslegende in Sant'Anastasia in Verona. In der Szene «Der heilige Georg befreit die Königstochter» erscheint im Bildhintergrund eine mittelalterliche Idealstadt, die Anklänge an die Stadt Verona um 1433 zeigt.

Vespasian 73 n. Chr. den Kapitolinischen Tempel errichten, heute liebevoll restauriert und gefüllt mit Mosaiken, antiken Gläsern, Juwelen und spätrömischen Plastiken. Prunkstück des Museo Civico Romano ist die fast zwei Meter hohe Bronzeskulptur «Victoria alata», die beflügelte Siegesgöttin, eine klassische Frauengestalt, die ursprünglich als Aphrodite gedacht war. Die Mädchen Brescias haben sich ganz offensichtlich ein Beispiel an der eleganten Statue genommen, denn ihre Schönheit ist in Italien sprichwörtlich. Und das charmante Kompliment hält gottlob jederzeit einer Überprüfung stand.

Goethe und kein Ende …

Vielleicht war Goethes Abstecher zum Gardasee auch unter diesem Aspekt mehr als nur eine Pflichtübung. Die Vorliebe des Italienreisenden für klassische Schönheiten aller Altersstufen dürfte hinreichend bekannt sein. Was ihn wie Albrecht Dürer am Gardasee so faszinierte, war der geschlossene Mikrokosmos der Gardesana, der reizvolle Kontrast schroffer Felsen und weicher Rebhügel, vornehmer Architektur und archaischer Strukturen, in deren Spannungsfeld sich Weltgeschichte en miniature abspielte.

Nur wenige Kulturlandschaften Europas können beim Defilee der Namen, die den Gardasee und das Veronese mit Leben erfüllt oder doch zumindest gestreift haben, einigermaßen konkurrieren: Catull, Dietrich von Bern, Romeo und Julia, Napoleon, Radetzky, D'Annunzio, Maria Callas und Luis Trenker sind nur einige berühmte Namen aus einer langen Reihe. Nicht zu vergessen sind die unzähligen Pilger, Soldaten und Maler, die Schriftsteller, Politiker und die vielen namenlosen Bauern, deren Beitrag zur Geschichte – ob wichtig oder nutzlos – im Dunstkreis des Sees abgeleistet wurde.

Das verleitet zu reizvollen Spekulationen. Wäre Petrarca in der Villa des Catull zu Sirmione geboren, hätte er vielleicht geschrieben: «Ich brauche zum Glück nichts weiter als diese Zypresse gegen den Himmel …» Dem ist nichts hinzuzufügen.

DER FLUSS HINTER DEM PAPPELVORHANG

Den Mincio entlang

Blutgetränkt sind die Felder und Weinberge zu beiden Seiten dieses kleinen Flusses: Solferino, Custozza, San Martino della Battaglia, Valeggio – die Liste der Schlachten und Gefechte ließe sich verlängern. Um so friedlicher fließt der Mincio in unseren Tagen, ein breiter Bach zwischen Pappeln und Maisfeldern.

Leere Straßen, die Fensterläden geschlossen, alles wie vom Nichts verschluckt: *Monzambano* am Mittag. Vor der Bar sitzen Männer im Schatten, ein Glas Wein in den klobigen Händen, fröhliche Greise mit gegerbten Gesichtern und zufriedener Miene. Drunten am Fluß stehen die Angler, leere Plastikeimer neben sich, die Beine in hohen Stiefeln. Ab und zu springt ein Fisch aus dem Mincio, fällt klatschend zurück in das grünblaue Wasser, kleine Kreise hinterlassend. Irgendwo hinter den Pappeln tuckert ein Traktor. Man glaubt, das alles schon einmal gesehen zu haben. In Frankreich vielleicht, an der Loire oder Saône; die Erlen am Ufer, Villen hinter mürben Mauern, das Geschnatter eifersüchtiger Erpel oder Brücken, die im Wasser träumen.

Nein, ein richtiger Strom ist das nicht. Eher ein breiter Bach, der auf seinem Weg von Peschiera nach Mantua Oberitalien in eine venezianische und eine lombardische Hälfte teilt. Aber so friedlich der Mincio heute auch fließen mag, so blutgetränkt sind die Felder und Weinberge zu beiden Seiten: Solferino, Custozza, San Martino della Battaglia, Goito, Valeggio – die Liste der Schlachten und der Gefechte ist lang (*siehe auch Seite 102*).

Das hat seine Gründe. Wer die Festung *Peschiera* am Südufer des Gardasees besaß, beherrschte das Einfallstor zur Lombardei und nach Venetien. Giangaleazzo Visconti, Herr von Mailand, war nicht der erste Stratege, der für seine Expansionspläne den Mincio nutzte. Um Mantua buchstäblich auszutrocknen, ließ er 1393 den *Borghetto di Valeggio* bauen, einen riesigen Damm quer durch das Flußtal, 600 Meter lang, 26 Meter breit und zehn Meter hoch. Mit mächtigen Torbauten und 14 Türmen, die erst 1702 von den Franzosen gesprengt wurden. Im Morgennebel wirkt der kolossale Damm wie ein schlafender Drache, dessen steinernen Panzer Misteln und Efeu überwuchert haben. Reiher stehen unbeweglich am Wasser, Mühlräder drehen sich lautlos, im Dörfchen Valeggio kehrt ein verschlafener Kellner lustlos die Terrasse der «Antica Locanda». Da läßt sich bei einem Glas Bianco di Custozza natürlich leicht darüber meditieren, warum der Visconti seine hochfliegenden Pläne nie realisierte. Hätte er den Damm tatsächlich vollendet, das mit Venedig verbündete Mantua wäre verdurstet und seine ins Wasser gebaute Festung leicht zu stürmen gewesen.

Den Mincio kümmert's wenig. Mutig stürzt sich der Fluß in Valeggio hinter dem Ristorante San Marco ein kleines Wehr hinunter, füllt Tümpel und Kanäle, bevor er sich wieder in sein pappelgesäumtes Bett zwängt. Den *Parco Giardino Sigurtà* läßt er links liegen, die *Villa Maffei* ebenso wie die Scaligerfestung: eine Kunstlandschaft für die Fremden, mit Palmen, Zypressen und Blumenrabatten.

Bis *Goito* sind es etwa 15 Kilometer. Nichts Spektakuläres geschieht. Dörfer dösen im Mittagsstaub. Am Horizont schon der Dunst der Poebene. Hinter *Rivalta* geht der Mincio plötzlich in die Breite, mäandert mal hier-, mal dorthin und mündet schließlich bei Mantua in den *Lago Superiore*. Noch immer ist das Wasser des Mincio blaugrün, als hätte der Fluß gerade erst den Gardasee verlassen. Doch wirkt die Landschaft am See anders, viel «italienischer».

Ernst Hess

Im Parco Giardino Sigurtà bei Valeggio sul Mincio: eine einmalige Gartenanlage.

Der Damm des Visconti bei Valeggio.

Blick von der «strada panoramica», die sich bis zum Monte Baldo hinaufschlängelt, auf Malcesine, dessen Stadtsilhouette seit 1277 von der gewaltigen Festung der Scaliger geprägt wird.

Nächste Doppelseite: Der Vergleich mit skandinavischen Fjorden drängt sich auf: Nördlich von Malcesine liegt der See tief eingeschnitten zwischen steil abfallenden Gebirgszügen.

Links: Die Kirche von Brenzone am Ostufer des Gardasees ist dem Veroneser Stadtheiligen, San Zeno, geweiht.

Rechts: Der Aufstieg zur Scaligerfestung von Malcesine zeigt die Wehrhaftigkeit dieses Baus.

Südliches Flair auf der Gardesana orientale, dem Ostufer des Gardasees: Straßencafé in Torri del Benaco.

Der Hafen von Torri del Benaco, eine der typischen kleinen Hafenanlagen am Gardasee: eine überschaubare Anzahl von Booten in einem weit in den Ort hineingebauten Hafenbecken.

Nächste Doppelseite: Blick in die kleine Hafenanlage von Malcesine, in der neben den großen Ausflugsbooten und Motorbooten für Touristen nur wenig Platz geblieben ist für die Boote der Fischer.

R STAR

PROVIDENCE

Die Fischer am Gardasee fangen heute vorwiegend kleine Sardinen, «agole», die eingelegt oder getrocknet als kulinarische Spezialität in den Restaurants der Region angeboten werden (siehe Seite 76).

Reiseführer: Rund um den Gardasee

Sebastian Marseiler

Inhalt

Auch das Angeln gehört zu den am Gardasee beliebten Sportarten. Doch beißt die berühmte große Gardasee-Forelle, «carpione», heute nur noch selten an: Die Fischbestände sind zurückgegangen.

Allgemeine Informationen

Topographie, Geologie und Verwaltung. Der Gardasee ist mit 51,6 Kilometern Länge und einer Breite von 17,2 Kilometern (zwischen Garda und Desenzano, wo er am breitesten ist) der größte See Italiens. Sein Wasserspiegel liegt auf 65 Metern über Meereshöhe. Die größte Tiefe – vor Campione – beträgt etwa 350 Meter. Die Wasseroberfläche des Sees beträgt etwa 390 Quadratkilometer. Der See hat nur einen einzigen nennenswerten Zufluß im Norden bei Torbole: den Fluß Sarca; allerdings wird er auch von unterirdischen Quellen gespeist. Den Ausfluß bildet im Süden bei Peschiera der Mincio. Der Gardasee ist während der Eiszeit in einem Gletscherbecken entstanden, wodurch sich die Fjordähnlichkeit seines Nordteils erklärt. Der Südteil ist flacher und wird von Moränenaufschüttungen begrenzt. Sporttaucher sollten die Häufigkeit und Gefährlichkeit kalter Strömungen bedenken, Surfer, Segler und Bootssportler die rasch zu Stürmen anwachsenden Winde (*siehe auch Seite 52*).

Der Gardasee liegt im Verwaltungsgebiet von drei Regionen. Das Nordufer des Sees gehört zum Verwaltungsgebiet des Trentino, der Südwesten zählt zur Region Lombardei, das östliche Ufer wird von der Region Venetien verwaltet.

Klimatische Bedingungen. Am Gardasee herrscht ein sehr mildes Klima mit mediterranem Charakter. Im Sommer speichert der See die Wärme, die er im Winter wieder abgibt. Die Lufttemperaturen sind recht ausgeglichen; die mittlere Jahrestemperatur liegt bei etwa 13,5 Grad Celsius (zum Vergleich: München 8,2 Grad Celsius). Die meisten Niederschläge fallen von April bis Juni. Ein kompliziertes System regelmäßig wiederkehrender Winde bringt immer wieder Frischluftzufuhr; die wichtigsten Winde sind die *Ora*, die regelmäßig nachmittags von Süden nach Norden weht (am stärksten am Nordteil des Sees, wo ideale Surfbedingungen herrschen), und der *Sover*, der morgens in umgekehrter Richtung weht (*siehe auch Seite 52*). Schon im Februar, wenn es am mittleren Teil des Sees am schönsten ist, stellt sich der Frühling ein. Im Süden muß im Winter mit Nebel gerechnet werden.

Pflanzenwelt. Am Gardasee wachsen Pflanzen, die man ansonsten eher südlicher, nämlich am Mittelmeer, findet: Oliven, Palmen, Zypressen, Oleander, Agaven, Hibiskus, Lorbeer, Mimosen, Glyzinien, Khakis, Eukalyptusbäume und viele andere Arten. Berühmt für seinen Pflanzenreichtum ist der bis zu 2218 Meter hohe Gebirgszug des Monte Baldo (*siehe auch Seite 107*). In der letzten Eiszeit stellte er eine Art Refugium für Pflanzen dar, die anderswo unter der Eisdecke verschwanden, wie zum Beispiel für den Spinnwebsteinbrech oder die Klebrige Akelei. Neben zahlreichen Orchideen-Arten wachsen hier auch das Monte Baldo-Windröschen, die Paradieslilie, die Schopfige Rapunzel und der Hundezahn. Seit kurzem gibt es auf dem Monte Baldo in einer Höhe von 1232 Metern einen botanischen Garten (*Orto botanico*).

Unterwegs am Gardasee

Informationen vorab und vor Ort. Neben den Büros des Staatlichen Italienischen Fremdenverkehrsamts *ENIT* in Deutschland, Österreich und der Schweiz sei vor allem auf die örtlichen Fremdenverkehrsämter verwiesen, die sich *APT* nennen (Azienda di Promozione Turistica, *apitì* gesprochen). Am besten fragt man nach *informazioni* oder nach dem *Ufficio informazioni*. Alles Wissenswerte über die Orte und Ausflugsmöglichkeiten, über Museen, Fahrpläne, Sport usw. enthält eine Broschüre mit dem Titel *Garda Pocket*, die für eine geringe Gebühr bei den APTs erhältlich ist. Dort liegen auch die Hotelführer aus, und man ist bei der Zimmervermittlung behilflich. Schließlich wissen die örtlichen Verkehrsämter auch am besten Bescheid über Veranstaltungen und Feste.

Ideale Bedingungen für sportliche Aktivitäten bieten sich rund um den Gardasee. Der nördliche Abschnitt und der östliche Teil des Sees mit dem Monte Baldo-Gebiet sind ein Dorado für Klettersportler – besonders für Freeclimber (links) – und für Mountainbiker (oben).

Verkehrsverbindungen. Zur Anreise von Norden her mit dem Auto empfiehlt sich die Brennerautobahn bis zur Ausfahrt Rovereto-Süd und von dort aus dann die Staatsstraße 240 über Mori und Nago nach Torbole (etwa 15 Kilometer).

Die Höchstgeschwindigkeit beträgt auf Autobahnen 130 Stundenkilometer und auf Landstraßen 90 Stundenkilometer. Der Gardasee läßt sich von zwei Seiten aus bereisen: auf der *Gardesana orientale* (Straße am Ostufer) von Torbole bis Peschiera und auf der *Gardesana occidentale* (Westufer-Straße) von Riva bis Desenzano (*siehe auch Seite 20*). Ein paar Hinweise: Der Gardasee ist für die Städte Verona und Brescia ein Naherholungsgebiet; entsprechend voll sind die Straßen an Wochenenden und Feiertagen. Andererseits reagieren einheimische Autofahrer unter der Woche oft mit Unverständnis auf touristische Panoramafahrten im Schleichtempo.

Autofähren verkehren von Torri del Benaco nach Maderno sowie von Riva nach Desenzano und umgekehrt.

Der nächste Flughafen ist der *Aeroporto Catullo* in Villafranca bei Verona. Bahnhöfe gibt es in Rovereto (Brenner – Verona), Desenzano (Venedig – Verona – Mailand) und Verona.

Zwei Arten von Schiffen verkehren auf dem Gardasee: das schnelle *Aliscafo*, ein Tragflächenboot, und das *Battello*, eine Schiffsfähre. Rundfahrten werden von verschiedenen Veranstaltern angeboten; ein Preisvergleich lohnt sich. Fahrpläne sind bei den APTs oder an den Anlegestellen erhältlich.

Übernachtungsmöglichkeiten. Die Gardasee-Region verfügt quer durch alle Hotelkategorien über ein breites Angebot, dessen Kinder- und Familienfreundlichkeit hier eigens erwähnt werden soll. Eine Übernachtung mit Frühstück wird als *meublè* bezeichnet, und mit *apartamento* ist eine Ferienwohnung gemeint. Die Ostseite des Sees (Torbole, Malcesine, Torri del Benaco, Garda, Bardolino und Lazise) ist vom Angebot her preiswerter als das Westufer, während das Südwestgebiet (Desenzano, Salò und Gardone) sich vor allem an Gäste mit gehobenen Ansprüchen wendet. Wer sein Ferienglück etwas abseits vom Getümmel sucht, kann in einiger Entfernung vom See Nerven und Portemonnaie entlasten.

Camping wird großgeschrieben; es gibt sogar Vier-Sterne-Campingplätze. Am stärksten bestückt sind das Ost- und das Südufer, die wegen der geringen Wassertiefe auch für Kinder sehr gut geeignet sind. Ferner bleibt noch der immer beliebter werdende Urlaub auf dem Bauernhof zu erwähnen.

Urlaubsparadies für Wassersportler: Segeln, Surfen (siehe auch Seite 52) oder Wasserskifahren (rechts) kann man überall am See. Für das zum großen Teil junge Touristenpublikum ist an Freizeitaktivitäten, vor allem in Zentren des Surf-Sports wie Torbole, viel geboten.

Sportliche Aktivitäten. Der Gardasee bietet durch die besondere Kombination von «Berg und See» für fast jede Art der sportlichen Freizeitbetätigung die idealen Voraussetzungen.

Wandern kann man praktisch überall am Gardasee. Besonders schön sind Wanderungen im Monte Baldo-Gebiet. Routenvorschläge und die notwendigen Karten halten die örtlichen APTs bereit; verschiedentlich werden auch geführte Wanderungen angeboten. *Kletterschulen* findet man in Arco (Freeclimbing!), Nago, Riva und Torbole. Es werden auch Klettermeisterschaften ausgetragen. Vor allem am Nordteil des Sees und im Monte Baldo-Gebiet ist das *Mountainbiking* seit einiger Zeit der Renner. Örtliche Veranstalter bieten hierfür ein umfangreiches Tourenprogramm an. Oberhalb von Malcesine und in Prada Costabella ist *Abfahrtski* möglich.

Schön angelegte *Golfplätze* gibt es in Bogliaco, in Marceniga bei Garda, in Soiano und in Sommacampagna.

Ausritte bieten sich vor allem im Monte Baldo-Gebiet, in der Comunità Montana (Hinterland von Garda), aber auch am westlichen Seeufer im Hochland von Tremosine an.

Für den *Wassersport* ist der Gardasee wie prädestiniert. Er ist nicht nur ein Paradies für Surfer (*siehe Seite 52*), sondern auch für Angelsportler. Gefangen werden vor allem Sardinen (Agole). Zum Angeln ist die Bezahlung einer Gebühr erforderlich, die in Form einer Fischsteuer (*tassa per la pesca*) am Postschalter eingezahlt wird. Kleinere Motorboote kann man unter Einhaltung bestimmter Beschränkungen überall am See mieten; über größere Boote informiere man sich bei

den Hafenaufsichtsämtern (*Ispettorati del porto*) oder bei der Ortspolizei. Achtung: Wegen der Surfer ist der nördliche Gardasee in der Höhe von Torbole für Bootsfahrten gesperrt. Schwimmen kann man allerdings nur dort ungestört, wo das Wasser nicht allzusehr von Windsurfern bevölkert ist.

Segeln ist auf dem ganzen See möglich, wegen der besseren Windverhältnisse werden jedoch der mittlere und nördliche Abschnitt des Sees bevorzugt. Es gibt mehrere Segelschulen.

Essen und Trinken. Das Essen besteht meistens aus einem *Antipasto* (kalte Vorspeise), zum Beispiel Prosciutto con melone (Schinken mit Melone), Südtiroler Räucherspeck, Soppressa (großstückige Veroneser Salami) oder Bresaola (geräuchertes, beziehungsweise luftgetrocknetes Rindfleisch). Als Leckerbissen gelten eingelegte Sardinen (Agole).

Der *Primo* ist eine warme Vorspeise: meist eine Pasta mit einer bestimmten Sauce (Teigwaren in den verschiedensten Variationen; je nach Tageskarte). Beliebt sind auch Gnocchi (Klößchen aus Kartoffelteig), Tortellini oder Tortelloni (Teigtaschen mit diversen Füllungen). Im Nordteil des Sees können einem die Strangolapreti (Pfaffenwürger) auf der Speisekarte begegnen; diese Nockerlart schmeckt besser, als sie klingt. Minestre sind Suppen; ein einstiges Arme-Leute-Gericht ist die Pastafagioli, eine eingedickte Bohnensuppe

PESCE UND PEARA

Die kulinarische Tradition der Gardasee-Region

Ein Schlückchen guten Rotwein: Salute!

Bardolino, Valpolicella oder Soave: Die Weine aus der Gegend um den Gardasee zählen international zu den bekanntesten. Gefragt ist auch das reine Olivenöl. Doch die abwechslungsreiche und bekömmliche Küche dieser Landschaft hat noch andere Spezialitäten aufzuweisen.

Abfällig äußerte sich Johann Wolfgang von Goethe auf seiner Reise vom Brenner nach Verona über die Ernährung der dortigen Bevölkerung. Doch scheint Goethe damals wohl nur die *Polenta* aus Maismehl kennengelernt zu haben, die er als einen gelben, dicken und zudem ungesunden Brei beschreibt.

Wer daher aus den frühen Reisetagebüchern schließt, kulinarisch könne man den Gardasee und die Stadt Verona vergessen, der irrt. Zwar hat sich gerade am touristisch vermarkteten Lago eine neue Art «Einheitsbrei» etabliert, und unitalienische Pizzerien und Touristenmenüs sind rund um den See häufiger zu finden als es Liebhabern der regionalen Küche recht sein kann. Dennoch gibt es hier auch wahre Inseln kulinarischer Kultur.

Elementarer Bestandteil der regionalen Küche am Gardasee ist *olio*, das Olivenöl. Wer von Norden kommt und das Etschtal hinter sich gelassen hat, erlebt, wie sich Landschaft und Farben ändern. Zypressen ragen in dunklem Petrol auf, das Grün der Ölbäume schimmert grau, braun, gelb, silbern und violett. Die Oliven sind einer der wichtigsten und edelsten Rohstoffe des Landes. Kostbar ist das «jungfräuliche» Öl der ersten Pressung. Seit dem großen italienischen «Ölskandal» verweist man vor allem auf die Reinheit des olio.

Aale, Hechte, Renken, Forellen, Zander und Süßwassersardinen, aber auch deftige Fleischgerichte, Pasta und Risotto sind weitere wesentliche Bestandteile des Speisezettels in den Gebieten am See, um den Monte Baldo, um Rivoli und im Mincio-Tal. Die Dörfer um den Monte Baldo sind bekannt für die Zubereitung von Kaninchen und Lamm, gewürzt mit heimischen Bergkräutern und mit Pilzen. Die regionalen, ja sogar die Landesgrenzen Italiens längst übersprungen hat ein Veroneser Fleischgericht: *Bollito misto*, eine Mischung verschiedener gekochter Fleischstücke von Schwein, Rind und Kalb. Dazu reicht man in Verona eine feine Pfeffersauce aus Knochenmark, Semmelmehl, Fleischbrühe und Parmesan, die *péara* genannt wird. Diesem Gericht merkt man, wie den Wildspezialitäten, die Nähe zur alpenländischen Küche an.

Ganz oben: Beliebt ist die Soppressa, die Veroneser Salami.

Oben: Auf Fischgerichte ist man in der Region spezialisiert.

Am Gardasee liegen weltbekannte Weinanbaugebiete wie Bardolino und Valpolicella.

Oben: Hausgemachte Pasta oder Tortellini «fatti in casa» sind der Stolz vieler Lokale. Hier beim Zubereiten des Teigs für die Nudelgerichte.

Die *pasta* schließlich hat besonders in Verona Tradition. Fast alles kommt in die geliebten Teigröllchen: Brennesseln, Minze, Spinat, Fleisch, Fisch, Ricotta, Pilze und die verschiedensten Früchte. Ebenso bedeutend wie das Olivenöl ist in der Region der Wein. Venetien steht nach Apulien und Sizilien mit 1,7 Millionen Hektolitern jährlich an dritter Stelle in der Weinproduktion Italiens. Allein in der Provinz Verona wird mehr Wein produziert als im gesamten Piemont. Zwei große Anbaugebiete westlich und östlich des Flusses Brenta kann man unterscheiden. Im Osten reicht die Fläche von der Brenta bis nach Friaul. Im Westen bis an den Gardasee. Aus klimatischen und geologischen Gründen aber sind die Rebsorten, beispielsweise aus Verona, Vicenza und Padua, sehr unterschiedlich. Zu nennen sind Corvina Veronese, die zu Bardolino und Valpolicella verarbeitet wird. Aus *Garganega* macht man Soave- und Trebbiano di Soave-Weine. In anderen Gebieten wachsen *Prosecco*, *Tocai*. Für Rotweine werden auch *Merlot* und *Cabernet*, für Weißweine *Chardonnay*, *Sauvignon* und *Pinot grigio* angebaut. Achtzig Rebsorten sind in der Region insgesamt zugelassen. Die Ursprünge des *Valpolicella* zum Beispiel gehen auf das 5. Jahrhundert zurück. Zu dieser Zeit war er als «rätischer Wein» bekannt und wurde von berühmten römischen Poeten besungen. Auch Bischof Zeno, der weise «Mohr» Veronas, liebte diesen Wein und bezeichnete ihn als das «Blut Christi», weshalb heute noch auf manchen Etiketten eine Szene aus der Passion zu sehen ist. Einen großen Namen hat auch der *Marzemino*, der, ebenso wie der nach frischen Haselnüssen schmeckende *Nosiola*, aus dem benachbarten Trentino kommt. Das Aroma von Erdbeeren besitzt der *Fragolino*, als Dessertwein beliebt ist der aus edelfaulen Trauben gegorene *Acininobili*. Weinführer rühmen seinen leuchtenden Goldton mit grünlichen Reflexen und die Duftnote von exotischen Früchten, Honig und Blüten. Häufig anzutreffen ist auch der rote überall ausgeschenkte *Amarone* und der leichte *Chiaretto*, ein Roséwein, aus dem Valtenesi. Das alles probiert man am besten in der «Enoteca d'Istituto Enologico Italiano», einer Mischung aus Kneipe, Restaurant, Bibliothek und Heimatmuseum, in der Altstadt Veronas. *Rita Baedeker*

Die Zutaten der oberitalienischen Küche.

mit Nudeln. Nicht zu vergessen die Risotti, köstliche Reisgerichte, am Gardasee zum Beispiel Risotto alla tinca (Schleie).

Der *Secondo* ist die Hauptspeise. Hier sei lediglich auf die Gardasee-Fische verwiesen. Anguilla (Aal), Barbo (Barbe), Carpione (Gardasee-Forelle), Luccio (Hecht), Lavarello, auch Coregone genannt (Blaufelche, Renke), Tinca (Schleie), Trota (Forelle), Trota al salmone (Lachsforelle).

Contorni nennen sich die extra berechneten Beilagen wie Insalata mista (gemischter Salat); Patate fritte heißen die unvermeidlichen Pommes frites; Verdura cotta ist gekochtes Gemüse. Meist empfiehlt es sich, Verdura di stagione (Saisongemüse) zu bestellen. Die Polenta (Maiskuchen oder Maisfladen) wird meist zu den einfacheren Speisen gereicht. Als Nachspeisen gelten die Dolci (Süßspeisen), Semifreddi (Halbgefrorenes) oder auch Macedonia di frutta (Obstsalat).

Was Getränke angeht, wachsen am Gardasee und in seiner Nähe bekannte Weine, wie die Rotweine aus den Weinanbaugebieten Bardolino und Valpolicella und die Weißweine Bianco di Custozza, Lugana und Soave (*siehe auch Seite 76*). Zur Förderung der Verdauung wird nach dem Essen gern ein Digestivo oder Amaro (Kräuterbitter) oder eine Grappa, ein aus Traubentrester gebrannter Schnaps, getrunken.

Als krönender Abschluß bietet sich ein kräftiger Espresso an. Wer nach dem Essen einen Cappuccino bestellt, muß unter Umständen mit höflich kaschiertem Unverständnis rechnen. Dann kommt die Rechnung: *il conto* oder *la ricevuta* mit einem Zusatzbetrag für *pane e coperto* (Gedeck) und oft noch zehn bis fünfzehn Prozent Aufschlag für die Bedienung (*servizio*). Trinkgeld ist kein Muß, wird aber wie überall gern angenommen. Brot wird nicht einzeln berechnet, sondern ist im Gedeck (*pane e coperto*) inbegriffen.

Feste und Veranstaltungen. Am Gardasee werden verschiedene Arten von Festen gefeiert: Da sind zum einen die in der Tradition der Bevölkerung verankerten Feste, die oftmals religiösen Ursprungs sind und daher von hinzukommenden Gästen etwas Fingerspitzengefühl verlangen, wie zum Beispiel die *Karfreitagsprozession* in Castelletto di Brenzone.

Dann sind die speziell für die Gäste veranstalteten Feste zu nennen, die von den Gemeinden meist in den Sommermonaten ausgerichtet werden. Die Bevölkerung feiert gern mit.

Schließlich seien die *Volks- oder Freundschaftsfeste (Festa dell'Unità)* der verschiedenen politischen Parteien erwähnt, eine nördlich der Alpen gänzlich unbekannte Tradition.

Im Bereich des Sports finden zahlreiche Segelwochen und Windsurf-Meisterschaften statt, über die die «Comunità del Garda» Auskunft erteilt. Bekannt ist vor allem die im September von Bogliaco aus veranstaltete Segelregatta *Centomiglia* (100 Meilen). Bei den *Gare delle Bisse* finden Rudermeisterschaften mit Viererbesetzung im Stil der venezianischen Gondolieri statt. Am 15. August (Ferragosto), an dem in Italien alle Uhren stillzustehen scheinen, lädt Garda zum *Palio delle Contrade*, einem Wettstreit der einzelnen Stadtteile. Im Lauf der Saison finden schließlich in verschiedenen Orten rund um den Gardasee *Fischer-* sowie *Winzerfeste* statt.

Links: Bummel durch die verwinkelten Gassen der Altstadt von Arco.

Oben: Blick über die Dächer von Arco mit der Collegiata-Kirche und dem mächtigen Monte Brione im Hintergrund.

marschall Vendôme im Spanischen Erbfolgekrieg entgangen. Vom Gipfel des Castello aus hat man einen schönen Blick auf das Sarcatal (*siehe Seite 59*), den nördlichen Teil des Sees und vor allem auf das mittelalterliche Stadtensemble von Arco.

Die verwinkelte Altstadt besitzt viele malerische Ecken, Durchgänge, Brunnen und alte Portale. Die Stadtkirche *Collegiata Santa Maria Assunta* im Stil der Spätrenaissance mit ihrer prunkvollen Innenausstattung ist sehenswert.

Einen Besuch wert ist auch die mit Fresken geschmückte *Cantina Marchetti*, ein Restaurant im Palazzo Marchetti – man beachte die reich verzierten Kamine an der Außenfront –, in deren Sälen mit ihren Renaissance-Fresken sich sehr stimmungsvoll tafeln läßt. An die k.u.k.-Zeit erinnern die *Villa des österreichischen Erzherzogs Albert* und der wunderschöne *Parco Arciducale* mit seinen exotisch-mediterranen Pflanzen.

Rechts: Im Hafen von Bardolino. Am großen Hafenbekken, das auf drei Seiten von Häuserfassaden gerahmt wird, steht auch die Ruine eines Turms, der ehemals zu einer Festung der Scaliger gehörte.

Sehenswerte Orte von A bis Z

Die Ziffern im Kreis verweisen auf die Übersichtskarte Seite 155.

Arco ①. Das fünf Kilometer landeinwärts gelegene Städtchen liegt zwar nicht mehr direkt am See, ist aber durchaus einen Besuch wert. Die fruchtbare Ebene zwischen Riva und Arco heißt *Busa* und war früher ein Teil des Sees, aus dem der Monte Brione als Insel herausragte. Wahrzeichen Arcos ist der markante Felsen mit der *Burg*. Am Fuß des Burgfelsens tritt die Sarca aus dem gleichnamigen Tal (*siehe Seite 59*). Seit ein Elektrizitätswerk das Wasser der Sarca für seine Turbinen nutzt, ist der Fluß in Arco meist nur noch ein Rinnsal.

Wohl schon in prähistorischer Zeit war der Burghügel von Arco besiedelt; die erste Befestigung scheint um das Jahr 500 von den Goten erbaut worden zu sein. Im Mittelalter errichteten die Herren von Arco dort eine imposante Burganlage. Die Familiengeschichte ist blutig und grausam, zumal sich im 13. Jahrhundert das Geschlecht in zwei tödlich verfeindete Parteien von Guelfen (Anhänger des Papstes) und Ghibellinen (Anhänger des Kaisers) aufspaltete. Nur die Mauer und der zinnenbekrönte Turm der Burg von Arco sind der Sprengung durch die Franzosen unter ihrem berühmten Feld-

Kunsthistorisch interessant ist die am Ortsrand gelegene kleine romanische Kirche *Sant'Apollinare* mit Fresken der Veroneser Malerschule aus dem 14. Jahrhundert. Ein Ausflug ins Hinterland von Arco führt zu den *Marocche*, einer einzigartigen Landschaft aus unzähligen Felstrümmern, Überreste eines gewaltigen Bergsturzes (*siehe auch Seite 59*).

Bardolino ②. Das Monte Baldo-Massiv endet in einem flachen Moränenrücken bei Bardolino. Der Ort war schon zur Zeit der Römer als Badeort beliebt; von den mittelalterlichen Befestigungen sind ein Turmrest und zwei Stadttore übriggeblieben. Bardolinos Zentrum mit seiner weitläufigen Piazza vor der neoklassizistischen Fassade der Pfarrkirche *Santi Nicolò e Severo* ist übersichtlich und im Vergleich zu den engen Ortschaften, die weiter im Norden liegen, großzügig angelegt. Bardolino ist vor allem bekannt wegen des gleichnamigen Rotweins, der auf den fruchtbaren Moränenböden der Umgebung wächst und ein süffiger Verwandter des berühmten Valpolicella ist (*siehe Seite 76*). In den umliegenden Weinbergen kann man schöne Wanderungen unternehmen.

Bardolino besitzt zwei kunsthistorische Raritäten. In der romanischen Kirche *San Severo* finden sich Fresken aus der ersten Hälfte des 12. Jahrhunderts und eine – allerdings nicht sehr gut erhaltene – langobardische Höhlenkrypta aus dem 8. Jahrhundert. Etwas abseits steht, gänzlich in den Gebäudekomplex eines alten Gehöftes integriert, *San Zeno*, einer der ältesten Kirchenbauten Italiens aus der Zeit der Karolinger.

Auf der Hügelkuppe in der Nähe von Bardolino verläuft von *Calmasino* nach *Castelnuovo* die idyllische *Strada del Vino*, die Weinstraße durch das Hauptanbaugebiet des Bardolino. Männern vorbehalten ist der Besuch der Einsiedelei *Eremo di Rocca* des Kamaldulenserordens. Zwei Kilometer südlich von Bardolino befindet sich in *Cisano* ein interessantes *Museo dell'Olio*, ein Ölmuseum, mit Pressen und Werkzeugen der Speiseöl-Herstellung. Im September findet in Cisano die *Sagra dei Osei* statt, der Wettbewerb der schönsten Vogelstimmen und der besten Vogelstimmen-Imitatoren.

Die Hafenanlagen von Desenzano im Süden des Sees. Ihre Fassaden und der Kolonnadengang sind dem gotischen Baustil in Venedig nachempfunden.

Biasa *siehe* **Brenzone**

Bogliaco ③ südlich von Gargnano besitzt zwei Attraktionen, einen *Golfplatz* und die berühmte *Villa Bettoni (siehe Seite 40)*. Um 1750 beauftragte der Conte Giovanni Bettoni, Feldmarschall unter Kaiserin Maria Theresia, den Veroneser Architekten Adriano Cristofoli mit dem Bau der Villa, die dem Wiener Schloß Schönbrunn nachempfunden sein sollte. Der prachtvolle, dreiflügelige Bau ist in Privatbesitz und kann nur von außen bewundert werden – am besten vom Hafen aus, in dem meist einige Segelboote der berühmten Centomiglia-Regatta liegen. Durch das schmiedeeiserne Gitter erblickt man eine weite Treppenanlage mit Balustraden, Brunnen und Marmorstatuen in den Nischen. Der Auftraggeber der Villa, Conte Giovanni Bettoni, war ein eifriger Kunstsammler mit einem erlesenen Geschmack: Die Prunksäle der Villa Bettoni sind bestückt mit kostbaren Möbeln, Kupferstichen und Gemälden von Canaletto, Guido Reni, Paolo Veronese, Antonio Correggio und Dürer. Leider schneidet die *Gardesana occidentale* (*siehe auch Seite 20*) den Palast auf der Gartenfassade vom großartig angelegten Park ab. Der nahe Bogliaco liegende Ort *Villa* hat noch einiges von der Idylle eines alten Fischerdorfes am Gardasee bewahrt.

Brenzone ④ setzt sich aus den kleinen Uferdörfern *Assenza*, *Porto*, *Magugnano*, *Marniga* und *Castelletto* zusammen. Die kleinen Fischerorte mit ihren pittoresken Häfen sind besonders in der Vor- und Nachsaison sehr stimmungsvoll. Neben

Im Hafen von Castelleto di Brenzone, einst ein ärmliches Fischerdorf, liegen heute große Jachten vor Anker.

rants steht, stammt aus einer Forellenzucht. Viel gefangen und als Delikatesse hoch geschätzt ist «anguilla», der magere Gardasee-Aal, dazu kommen als typische «pesce del lago» noch Hechte, Schleien und Blaufelchen (*siehe auch Seite 75*).

In der kleinen Dorfkirche des nahegelegenen Ortes *Assenza* findet der Kunstfreund eine etwas ausgefallene Darstellung des letzten Abendmahls. Jeder Jünger hat statt Brot einige Scheiben Wassermelone vor sich auf dem Teller liegen.

Lohnend sind die Abstecher von der Hauptstraße: Der Ort *Castelletto* besitzt einen malerischen Hafen ebenso wie einen sehr altertümlichen Dorfkern am Hang mit der «Piazza dell'Olivo». Ein eindringliches Bild mediterran-bäuerlicher Kulturlandschaft bietet der viertelstündige Weg durch Olivenhaine hinauf nach *Biasa* mit seinen verschachtelten Häusern. Südlich von Castelletto di Brenzone steht die urtümliche Kirche *San Zeno* mit Fresken aus dem 14. Jahrhundert. In der Umgebung von Brenzone sind die Hänge des Monte Baldo ein Dorado für Naturfreunde und Wanderer.

Campione ⑤. Bis vor einiger Zeit bestimmte die inzwischen stillgelegte Baumwollspinnerei das Wohl der 500-Seelen-Gemeinde an der Gardesana occidentale. Das Dorf mit seinen rötlich braunen Häusern wurde bei Surfern und Seglern immer beliebter. Inzwischen ist für den Ort mit seinem Hafen die Umwandlung zu einer Feriensiedlung geplant. In Campione findet alljährlich im Sommer die berühmte Regatta *Triangolo Olimpico* statt. Beachtung ist in Campione auch

Oben: Blick von der Burg aus auf das lombardische Landstädtchen Lonato, einige Kilometer westlich von Desenzano. Markant ist die mächtige Domkuppel, die der des Doms von Brescia nachempfunden ist.

Rechts: In Desenzano findet jeden Dienstag ein großer Markt statt.

aller Fischerdorf-Romantik aber erkennt man auch die einstige Armut. Viel Ertrag warfen die Oliven nicht ab, und auch der Fischfang brachte wenig mehr als das Lebensnotwendige ein. Am meisten fing man (und fängt man noch heute) «agole», in Schwärmen vorkommende Sardinen. Frisch, in Salz eingelegt oder getrocknet, mit Zwiebeln eingekocht oder über die Pasta gestreut, bildeten sie das Arme-Leute-Essen. Heute zählen sie zu den Delikatessen (*siehe auch Seite 76*). Ausgestorben ist die vielgerühmte gigantische Gardasee-Forelle – wie die einheimischen Fischer erzählen – weil sie keine ungestörten Laichplätze mehr hatte. Bis zu 25 Kilogramm schwer soll die Gardasee-Forelle früher einmal geworden sein. Der «carpione», auch eine Forellenart, wird selten länger als 40 Zentimeter und hat ein zartes, fettloses Fleisch. Liebhaber zahlen dafür saftige Preise; was üblicherweise unter dem Namen «carpione» auf der Speisekarte der Restau-

der *Palazzo Archetti* wert (um 1720). Die steil aufragenden Felswände bei Campione sind atemberaubend. Besonders im Licht der Abendsonne nehmen sie phantastische Konturen an. Eine lohnenswerte Wanderung führt durch die riesige Schlucht des *Torrente Campione* ins wildromantische *Valle San Michele* und von dort auf die Hochfläche von *Tremosine*.

Cassone *siehe* **Malcesine**

Cisano *siehe* **Bardolino**

Costermano *siehe* **Garda**

Desenzano ⑥ ist mit 20 000 Einwohnern der größte Ort am Gardasee. Viel lombardischer Wohlstand zeigt sich in den eleganten Geschäften, am ausgedehnten Yachthafen und auf der Flaniermeile des *Lungolago*. In dessen Sichtweite liegt die Wendeboje der «Centomiglia», einer der bedeutendsten europäischen Segelregatten; hier wurden auch in den dreißiger Jahren Hochgeschwindigkeits-Rekorde aufgestellt: Francesco Agello erreichte schon 1934 eine Geschwindigkeit von 709,209 Stundenkilometer. In Desenzano liefen seit der Antike See- und Landweg für den Handel zusammen, was dem Ort einen ansehnlichen Wohlstand brachte. Obwohl von lombardischer Geschäftstüchtigkeit erfüllt, zeigen die Häuserfassaden des Zentrums viel Venezianisches: Die Seerepublik Venedig beherrschte von hier aus den Handel mit Getreide und kontrollierte die Getreidepreise in Oberitalien und jenseits der Alpen bis in den süddeutschen Raum.

Wenige Kilometer südwestlich von Desenzano liegt das typisch lombardische Landstädtchen *Lonato* mit seinem kuppelgeschmückten Dom, der sich über die Altstadt erhebt. Am Aufstieg zum Festungshügel von Lonato liegt die *Casa del Podestà* mit einer berühmten Sammlung von über 40 000 historischen Büchern und rund 400 Inkunabeln, frühen Exemplaren der Buchdruckerkunst. Lange Zeit krönte eine der in den Kriegen der italienischen Stadtstaaten meist umkämpften Burgen Oberitaliens den Festungshügel. Nachdem sie strategisch bedeutungslos geworden war, wurde die Burg jedoch im vorigen Jahrhundert von einem Privatmann namens Angelo Raffa erworben, der sie zur Hälfte abbrechen ließ und Steine und Ziegel als Baumaterial verkaufte.

Auf dem Weg hinauf zur Festung von Lonato liegt die Casa del Podestà, die in mittelalterlicher Zeit Sitz des Bürgermeisters war. Heute beherbergt sie eine bemerkenswerte Sammlung historischer Bücher und Drucke.

Der alte *Hafen* von Desenzano reicht weit in die *Piazza*, deren Kolonnaden zum Bummeln einladen. In knapp fünf Minuten erreicht man vom Hafen aus die *Villa Romana* mit ihren spätantiken Mosaiken, die in den zwanziger Jahren durch Zufall entdeckt worden waren. Die Fußbodenmosaiken der Villa, ein römischer Palastbau aus dem 3. Jahrhundert n. Chr., zeigen «amorini», Putti, die nicht wie üblich damit beschäftigt sind, Amors verschossene Pfeile einzusammeln; ganz im Sinn des Genius loci dieses Ortes verrichten die Putti für die Region typische Tätigkeiten: Sie ernten Wein, pflücken Früchte, fahren Boot und fischen.

In der Pfarrkirche *Santa Maria Maddalena* ist in der Sakramentskapelle ein Gemälde des Venezianers Giambattista Tiepolo (1696–1770) mit der Darstellung des «Abendmahles» zu sehen. Ein Weg durch schmale, verwinkelte Gassen führt hinauf zu den Ruinen der weitläufigen *Burganlage* von Desenzano, die im 10. Jahrhundert errichtet wurde.

Auf einem Landsträßchen Richtung See gelangt man zur *Abtei von Maguzzano*, deren Kirche im Stil der Renaissance ausgestaltet ist. In diesem Kloster lebte drei Jahre ein großer Satiriker der italienischen Literatur: Girolamo Folengo, der in seiner «Maccaronea» den Adel, den Klerus und die hohlen höfischen Ideale seiner Zeit scharfzüngig angriff.

Garda ⑦. Die Bucht von Garda gehört mit ihrer üppigen subtropischen Vegetation von Zypressen, Ölbäumen, Myrte und Oleander zu den einprägsamsten Landschaftsbildern am See. Garda gilt seit der Römerzeit als «Perle des Sees». Am nördlichen Ortsrand verstecken sich die großen Palazzi inmitten herrlicher Parkanlagen. Allerdings sind die meisten der Prachtbauten nur von außen zu bestaunen. In der *Villa Albertini* mit Türmen und Zinnen empfing Carlo Alberto von Piemont 1848 die Delegation, die den Anschluß der Lombardei an das Königreich Piemont-Sardinien brachte. Drei Jahre

Fortsetzung Seite 101

Die Villa Albertini in Garda mit ihrer Renaissance-Fassade und einer prächtigen Gartenanlage stammt aus der Epoche der venezianischen Regierung.

Nächste Doppelseite: Sirmione, die Halbinsel im Süden des Sees, bietet eine Fülle von Sehenswürdigkeiten. Die Festung der Scaliger, eine Wasserburg, wurde auf den Fundamenten einer römischen Ruine errichtet.

San Felice del Benaco am Westufer. Schon in der Antike vergnügten sich hier in den Badebuchten römische Gäste. Die Strände des kleinen Orts gelten als die schönsten am Gardasee.

Zu Unrecht werden sie «Grotten des Catull» genannt, denn die «Grotte di Catullo» auf der Halbinsel Sirmione haben nichts mit der Villa des römischen Dichters Catull zu tun. Vermutlich sind die römischen Ruinen Reste einer großen Thermenanlage.

San Pietro in Mavino in Sirmione wurde im 8. Jahrhundert von Ansa, der Gattin des Langobardenkönigs Desiderius, gegründet. Der schlichte Bau birgt in seinem Inneren eine beeindruckende Darstellung des Jüngsten Gerichts.

Zeit für ein Eis, einen Cappuccino oder ein Glas Bardolino: Wo sich jetzt Stühle und Tische mit Sonnenschirmen ausbreiten, befand sich in Garda früher das alte Hafenbecken, das erst vor einigen Jahren aufgeschüttet wurde. Im Hintergrund die Fassade des Palazzo dei Capitani im Stil der venezianischen Gotik.

Die Orte am Gardasee, seit alters her berühmt wegen ihrer fruchtbaren Böden, verwöhnen ihre Besucher mit «frutta e verdura di stagione» – frischem Obst und Saisongemüse. Besonders geschätzt ist der «radicchio veronese», der rote Zichoriensalat aus der Region.

Am Hafen von Lazise, in venezianischer Zeit wichtigster Handelsort am Gardasee und heute ein beliebtes Ferienziel vorwiegend deutscher Touristen.

Für die Bedürfnisse der Urlauber wird hier bestens gesorgt: Eisstand und Souvenirgeschäft in Lazise.

Nächste Doppelseite: Gut speisen kann man in Borghetto südlich des Gardasees (siehe auch Seite 64). Und am Schluß der Mahlzeit sollte man sich Zeit nehmen für einen Amaro oder einen Digestivo.

RANCILIO

Strandleben am Gardasee, in der Nähe von Lazise – Idylle und Ausnahme zugleich; denn abgesehen von wenigen Stellen präsentiert sich das Ostufer zwar mit klarem Wasser, aber oft sind die Strände hier nur handtuchbreit.

Oben und unten: Hier, in der Nähe von Lazise, ist es vor allem der gepflegte, mit feinem Sand bedeckte Liegeplatz, der Ortsansässige und Urlauber anzieht.

Nächste Doppelseite: Abendstimmung an der Punta San Vigilio. In der romantisch gelegenen Locanda San Vigilio kann man fein essen und nobel übernachten. Schon früher logierte hier die Prominenz.

Einkaufsbummel in Garda. Gleich hinter dem von Touristen bevölkerten Lungolago leeren sich die Gassen der Altstadt, in denen man auch etwas vom Alltagsleben zu Gesicht bekommt.

Das Städtchen Bardolino, bereits im Jahr 807 erstmals urkundlich erwähnt, ist durch seinen gleichnamigen Wein berühmt, der in vielen Teilen der Welt seine Liebhaber hat.

Am frühen Nachmittag auf einem kleinen Platz in Lazise.

Nächste Doppelseite: Lebhaftes Treiben auf dem Lungolago, der Uferpromenade von Garda.

FOTO CINE B. TREZZA
TAXI

LA BISACCIA

Sonnenuntergang an der Punta San Vigilio zwischen Torri del Benaco und Garda. Dieser Ort soll den Maler Arnold Böcklin (1827–1901) angeblich zu seinem berühmten Werk «Die Toteninsel» (1880; Kunstsammlung Basel) inspiriert haben.

später stieg Max von Bayern dort ab. Die Touristenströme, sofern sie nicht vom *Lungolago*, von der Seepromenade, kommen, verlaufen sich schnell im Gassengewirr des mittelalterlichen Ortskerns von Garda. Die *Piazza Catullo* erstreckt sich auf dem zugeschütteten Hafen, dessen Frontseite vom *Palazzo dei Capitani* eingenommen wird. Einst Palais des venezianischen Seehauptmanns, bildet er ein gelungenes Beispiel für den von Venedig beeinflußten gotischen Baustil. Nur blickt jetzt der Markuslöwe, das Wappentier Venedigs, vom Palais aus auf die vielen Eisbecher und nicht mehr auf Boote mit Lateinersegeln. Sehenswert ist die nach den Plänen des Renaissance-Architekten Sanmicheli erbaute Loggia des *Palazzo Carlotti*. An der Pfarrkirche mit Kreuzgang vorbei führt ein Wanderweg hinauf zur *Rocca*, jener aussichtsreichen Warte 300 Meter über dem See. Hier erbauten die Ostgoten unter König Theoderich eine Burg, von hier aus wurde bis ins hohe Mittelalter Geschichte gemacht. Das Wort «garda» soll sich von einer Version des germanischen «wardon», schauen, bzw. Warte ableiten. Jedenfalls verlor der See in der Zeit ab Karl dem Großen die lateinische Bezeichnung «Lacus Benacus» und erhielt seinen heutigen Namen.

Unbedingt zu besuchen ist die *Punta San Vigilio*: Eine jahrhundertealte Zypressen-Allee, die romantische Bucht *Baia delle Sirene*, die Renaissance-Villa *Guarienti* (Privatbesitz), eine *Limonaia*, die Kapelle *San Vigilio*, ein winziger *Hafen* mit Trattoria und rebenüberwachsener Mole und ein Feinschmeckerlokal vervollständigen die Idylle. Das landschaftlich-architektonische Gesamtkunstwerk wurde vom Architekten und Festungsbaumeister der Republik Venedig, Michele Sanmicheli (1484–1559), entworfen. Der hinter der Baia delle Sirene aufragende Felsen soll dem Maler Arnold Böcklin angeblich als Vorlage für sein berühmtes Gemälde «Toteninsel» (1880) gedient haben. Das Grundstück um die Bucht ist weitgehend in Privatbesitz, der Olivenhain inzwischen zu einem Freizeitpark ausgebaut.

Empfehlenswert sind Ausflüge nach *Costermano* (deutscher Soldatenfriedhof) und zur Wallfahrtskirche *Madonna della Corona* am Monte Baldo. Botanikfreunden bietet sich von Garda aus die Möglichkeit, über *San Zeno* und *Prada Costabella* zum *Monte Maggiore* aufzusteigen, in dessen Höhenregion eine einzigartige alpine Flora gedeiht. Besonders interessant sind hier die sogenannten Endemiten (Pflanzen, die nur in einem begrenzten Lebensraum vorkommen) wie der Silber-Storchschnabel und die Gelbe Glockenblume.

Der Hafen an der Punta San Vigilio ist von ganz besonderem Reiz: Man betritt die alte Hafenanlage durch einen kleinen Torbogen (im Bild links). Gleich daneben lädt eine gemütliche Trattoria zur Einkehr.

Am frühen Abend hat das Licht am See eine besondere Intensität. Hier auf dem Lungolago von Garda.

GARDASEE UND VERONA

Daten zur Geschichte

2000 v. Chr. In der Bronzezeit sind Siedlungen und Pfahlbauten nachweisbar; Felszeichnungen am Monte Luppia.
1000 v. Chr. Der Gardasee liegt im Einzugsbereich verschiedener Völker: Räter, Veneter und Etrusker. Verona entsteht als kleine Siedlung der Veneter.
191 v. Chr. Die Römer gründen die Provinz Gallia Cisalpina in Oberitalien. Verona wird wichtiges Verwaltungszentrum und Militärzentrum, in dem sich die Nachschubstraßen kreuzen. Die Römer nennen den Gardasee «Benacus».
In Torri del Benaco ist eine römische Garnison stationiert.
89 v. Chr. Die Römer integrieren die kleine Siedlung Verona in ihre Provinz Gallia Cisalpina.
87 v. Chr. In Verona wird der römische Dichter Gaius Valerius Catullus geboren.
400 n. Chr. Germaneneinfälle
452 n. Chr. Einfallende Hunnen verwüsten Verona und ganz Oberitalien.

Filippo Maria Visconti (1392–1447) dehnte das Herrschaftsgebiet der Visconti aus.

493–526 Der Ostgotenkönig Theoderich der Große (Dietrich von Bern) beschert dem Land einen dreißigjährigen Frieden. Theoderich residiert abwechselnd in Verona, Ravenna und Pavia.
533 Die Byzantiner zerstören das Ostgotenreich Theoderichs.
568–774 Die Langobarden fallen ein und herrschen in Italien.
774 Karl der Große unterwirft das Langobardenreich des König Desiderius und gründet die Mark Verona.
888–962 Kämpfe zwischen den italienischen Nationalkönigen. Berengar I. befestigt Torri del Benaco.
963 Berengar II. unterliegt gegen den deutschen Kaiser Otto I., der Gebietsansprüche auf das italienische Reich stellt.
976 Reichstag in Verona. Die unabhängigen Stadtstaaten wehren sich gegen Fremdherrschaft. Blutige Familienfehden.
12./13. Jahrhundert Die oberitalienischen Stadtstaaten kämpfen erbittert um ihre Selbstverwaltung und damit gegen den deutschen Kaiser. Politische Instabilität verursachen die verfeindeten Parteien der Guelfen (Anhänger des Papstes) und Ghibellinen (Anhänger des Kaisers).

Der französische General Vendôme (1654 bis 1712) ließ die Burg von Arco 1703 sprengen.

1168 Die Städte Oberitaliens schließen sich zum Lombardischen Bund zusammen und vereinen sich mit der Veroneser Liga, die gegen den Kaiser kämpft.
1176 Der Städtebund siegt bei Legnano über Kaiser Barbarossa.
1259–1387 Die Familie der Scaliger beherrscht Verona und den gesamten Gardasee. Das Geschlecht der della Scala bekennt sich zu den kaisertreuen Ghibellinen und baut am Gardasee ihre Stützpunkte zu Festungsanlagen aus. Die della Scala fördern aber auch an ihrem Hof Künstler wie Giotto und Dante Alighieri.
1405 Die Familie der Visconti, die die Scaliger verdrängt hat, muß der Herrschaft der Seerepublik Venedig weichen.
1437 Kämpfe zwischen Venedig und Mailand. Seekrieg auf dem Gardasee.
1521 Riva und der Norden des Gardasees werden Trient und der Grafschaft Tirol (Haus Österreich) zugeschlagen.
Bis 1797 Unter der Herrschaft der Seerepublik Venedig herrschen in Verona und Umland Wohlstand und Frieden.
1797 Napoleon Bonaparte löst die Seerepublik Venedig auf. Das Westufer des Gardasees wird der Cisalpinischen Republik (Franzosen) zugeteilt, das Ostufer mit Verona kommt an Österreich.
1805 Der gesamte See gehört zum napoleonischen Königreich Italien.
1815 Nach dem Wiener Kongreß zählen der Gardasee und das Veneto zum Lombardo-Venezianischen Königreich, das im Besitz Österreichs ist.
1848–1870 Risorgimento, die italienische Einigungsbewegung. Der erste von Piemont-Sardinien aus geführte Einigungskrieg mißlingt.
1859 Schlacht von San Martino in Solferino. Die Franzosen und Piemontesen unter Napoleon III. siegen über die Österreicher unter Kaiser Franz-Joseph. Die Lombardei fällt an Piemont-Sardinien.
1860 Piemont-Sardinien bezeichnet sich ab da als Königreich Italien.
1866 Bündnis von Piemont-Sardinien mit Preußen gegen Österreich. Die Preußen siegen bei Königgrätz. Italien bekommt das Veneto zugesprochen. Das Trentino und Riva bleiben österreichisch.
1919 Der Vertrag von Saint Germain: Riva und Torbole werden italienisch.
1943–1945 Die «Repubblica di Salò» unter Benito Mussolini. Erbitterte Kämpfe zwischen faschistischen Milizen und Partisanen spielen sich in der Region ab.

Mussolini (1883–1945) führte in Salò von 1943 bis 1945 die faschistische Regierung.

1946 Italien wird durch Volksentscheid Republik. Die Republik wird in 20 Regionen und 95 Provinzen untergliedert. An den Gardasee grenzen nun die Regionen Venetien im Osten, die Lombardei im Südwesten und das Trentino im Norden.

Sebastian Marseiler

Hinter dem Bogen, in der Villa Guarienti in Punta San Vigilio, befindet sich eine der selten gewordenen Limonaie, ein Gewächshaus für Zitronen.

Der Turm in Gardone Riviera traf den historisierenden Geschmack des noblen Touristenpublikums in der Zeit um die Jahrhundertwende.

Gardone Riviera ⑧. Es ist heute schwer zu glauben, daß das elegante Gardone Riviera ursprünglich nur ein kleines Köhler- und Fischerdorf war. 1880 wußte der Deutsche Louis Wimmer die ideale Lage und das milde Klima richtig einzuschätzen und tat mit einem Wirtshaus die ersten bescheidenen touristischen Schritte, die jedoch sehr bald zum «Grand Hotel Gardone Riviera» führten. Reiche Industrielle aus den lombardischen Industriestädten zogen nach und errichteten in Gardone Riviera ihre Luxusvillen im Stil der Gründerzeit.

Von der Gardesana (Hauptstraße) aus führt eine Treppe hinunter zum hübschen *Lungolago*, der einen Blick auf das Massiv des Monte Baldo freigibt. Im Frühjahr, wenn hier schon sommerliche Temperaturen herrschen, die Bergrücken der Ostseite aber womöglich noch schneebedeckt sind, ist der Panoramablick auf den Monte Baldo grandios. Gardone Riviera besitzt das wärmste Klima nördlich des Apennins; üppige subtropische Vegetation wuchert hier in den Gärten. Der historische Teil der Stadt, *Gardone di Sopra*, liegt höher am Hang. Hier befindet sich die Hauptattraktion, *Il Vittoriale degli Italiani* des Dichters Gabriele d'Annunzio. Hunderttausende sind es jährlich, die zu diesem «Siegesdenkmal der Italiener» pilgern (*siehe auch Seite 40*). Ein unbedarfter Besucher darf sich bei der Besichtigung schon mal fragen, wo die Grenze zwischen Genie und Kitsch liegt. Eine Erklärung liegt in der schillernden Person des Besitzers, Gabriele d'Annunzio, selbst: Frauenheld, Dichter – viel Literarisches hat nicht überlebt –, Egomane, Volkstribun – die Liste ließe sich verlängern. Hier in seinem «Vittoriale» hat D'Annunzio eher als Legende seiner selbst überlebt. Als glühender Patriot und Offizier der Luftwaffe nahm er teil an der «Grande Guerra», dem Ersten Weltkrieg, steuerte einen klapprigen Doppeldecker über Wien und warf antiösterreichische Flugblätter ab, besetzte mit einer Handvoll Freischärler nach dem Krieg Rijeka, das Jugoslawien zugesprochen worden war, fuhr schnelle Autos und Kanonenboote und war ein Freund von Mussolini; Flugzeug, Auto und Boote sind sämtlich ausgestellt. Absoluter Höhepunkt ist das Vorschiff des Kreuzers «Puglia», das zypressenumstanden surreal in die Landschaft ragt. Park und Gärten sind von suggestiver Schönheit, das Innere des Hauses selbst mit seinen Zimmerfluchten ist ein Sammelsurium von Kitsch, Erhabenem, kostbarem Mobiliar, wertvoller Bibliothek und abstrusen Reliquien. Im Mausoleum ruhen auf erhöhten Sarkophagen die Gebeine seiner

«Chiostro dei Limone» nennen die Einheimischen den Kreuzgang von San Francesco in Gargnano wegen der skulptierten Säulenkapitelle, die mit Zitronen verziert sind.

Legionäre aus der Fiume-Rijeka-Zeit; im kleinen Theater finden allsommerlich vor der traumhaften Seekulisse Aufführungen statt. Am Platz vor dem Eingang zum «Vittoriale degli Italiani» stehen das *Rathaus* sowie die barocke Pfarrkirche *San Nicola* mit Gemälden von Zeno Veronese. Keine fünf Minuten hiervon entfernt errichtete der Zahnarzt des letzten russischen Zaren einen botanischen Garten mit über 2000 Pflanzenarten aus aller Welt. Besonders beeindruckend ist der Bambuswald. Der *Botanische Garten* von Professor Hruska mit Villa ist seit kurzem im Besitz des Künstlers André Heller, bleibt aber dem Publikum zugänglich.

Gargnano ⑨. Wahrzeichen des vom Tourismus ziemlich unbehelligten Ortes sind die stillgelegten *Limonaie* auch *Serre* genannt, Gewächshäuser für Zitrusfrüchte, die auf dem terrassenförmig ausgebauten Berghang stehen. Viele der Serre sind zu Wohn- und Ferienhäusern umgestaltet. Die Serre sind langgezogene, meist vierstufige Terrassen mit hohen Rückenmauern, Pfeilern und seitlichen Schutzmauern. Die der Sonne zugewandten Mauern strahlen bei kühleren Temperaturen Wärme ab; nachdem die Zitronen nur wenige Minusgrade vertragen, mußten die Schutzhäuser mit Brettern, Schilfrollen oder mit Glas abgedeckt werden können. War der Frost besonders streng, behalf man sich durch kleine Feuer zwischen den Bäumen. 1860 wurden 18 Millionen Zitronen geerntet, in den zwanziger Jahren nur noch drei Millionen: Die Billigkonkurrenz aus Sizilien und Nordafrika machte den Zitronenanbau in Gargnano unrentabel. Was heute am See an Zitronen augenzwinkernd als lokales Produkt verkauft wird, ist zum Großteil aus Süditalien eingeführt. Für nostalgische Gemüter gibt es auf halber Berghöhe noch einigermaßen intakte Serre mit den alten Bewässerungsanlagen aus Tuffstein zu sehen: Die meisten Pflanzen stehen allerdings in Tontöpfen. Mit etwas Glück kann man diese architektonisch einmaligen Anlagen besichtigen. Der Überlieferung nach brachten die Mönche die Zitrusfrüchte in die Gegend, die auch 1266 das Kloster *San Francesco* am südlichen Ortsausgang von Gargnano gründeten. Der stimmungsvolle Kreuzgang im Kloster San Francesco mit den eleganten Säulen und den spitzbogigen Arkaden wird von den Einheimischen «Steinerner Zitronenhain» genannt. Die Säulen tragen Kapitelle mit Zitronen, Orangen und Laubwerk, dazu einige plastisch geformte Löwenköpfe. Offensichtlich waren es im Mittelalter die Mönche, welche die Vorzüge des milden Klimas verstanden und zu nutzen wußten.

Interessant ist der Ausflug landeinwärts zum fjordartigen Stausee von *Valvestino*. Ebenso läßt sich über Tignale der Wallfahrtsort *Madonna di Castello* (*siehe Seite 20*) erreichen, einer der schönsten Aussichtspunkte am Gardasee.

Lazise ⑩ ist das am besten erhaltene Beispiel mittelalterlicher Stadtarchitektur mit Stadttoren und zinnenbekrönten Stadtmauern, dazu einem Kastell mit umlaufenden Wehrgängen und sechs Türmen aus der Zeit der Scaligerherrschaft. Die Idylle täuscht, denn mehrmals in der Geschichte wurde Lazise von einer brandschatzenden Soldateska heimgesucht. Die Venezianer bauten Lazise zum Kriegshafen aus: Am Hafen steht heute noch die *Dogana*, das Zollhaus, das auch

Limone am Westufer des Sees wird wegen seiner Lage gern mit dem traditionellen Seebad Amalfi in der Region Kampanien verglichen. Blick auf den Ort (oben); in den Gassen der Altstadt (unten).

Rechte Seite: Drei für den Gardasee typische Hafenanlagen: Limone (oben), Gargnano (Mitte) und der Hafen von Lazise, der den Venezianern einst als Kriegshafen diente (unten).

als Arsenal genutzt wurde. Das Innere der Dogana ist bemerkenswert wegen seiner Dachkonstruktion, die ohne Mittelpfeiler eine Fläche von über 900 Quadratmetern überspannt. Die nebenstehende Garnisonkirche *San Nicolò* birgt Fresken aus dem 13. und beginnenden 14. Jahrhundert, welche mit ihrer Raumtiefe und plastischen Figurenformung bereits den Einfluß Giottos und Altichieros zeigen. Besonders ausdrucksstark und gelungen sind eine Madonna mit Kind und eine Kreuzigungsszene. An die Hafenmauer schließt sich die weite *Piazza*, der Marktplatz an, gerahmt von Gebäuden in der Patina weicher Braun- und Rottöne. Südliches Flair besitzt die weite Seepromenade, allerdings erscheint die Promenade seit ihrer jüngsten Erweiterung im Verhältnis zu den Fassaden der angrenzenden Häuser etwas überproportioniert.

In der Nähe von Bussolengo befindet sich der *Zoo del Garda* mit lebensgroßen Sauriernachbildungen in einer prähistorisch gestalteten Landschaft, und etwa zwei Kilometer südlich von Lazise erstreckt sich der stark besuchte Freizeitpark *Gardaland*, eine Art Disneyland.

Limone ⑪. Wer sich der Ortschaft vom See her nähert, den beeindruckt ihre Lage: Limone scheint nahezu von den steilen Felshängen des Dosso dei Roveri erdrückt zu werden. Wahrzeichen des Ortes sind die terrassenförmig angelegten *Limonaie* oder *Serre*, Gewächshäuser für Zitrusfrüchte wie Limonen, Zitronen, Zitronat-Zitronen und Orangen, die einst wegen ihres unverkennbaren Aromas sehr gefragt waren. Die Sage erzählt, daß der Ort von Limone, einem Sohn des Gottes Benacus und der Bergnymphe Fillide, gegründet worden sei. Auf der Jagd durch einen Eber getötet und durch Bergblumen wieder zum Leben erweckt, habe sich der junge Mann nur noch der Landwirtschaft gewidmet, insbesondere der Zucht jener Früchte, die seinen Namen tragen, der Limonen. Andere hingegen bringen Limone in Zusammenhang mit dem lateinischen Wort «limes», was Grenzwall bedeutet. Seit neuestem hat man wieder zwei der Serre wiederhergestellt, die auf Wunsch auch besichtigt werden können. Daneben wachsen Olivenbäume, wilde Kapernsträucher, Oleander, Palmen und Agaven: Der Landschaft um Limone gibt dies das besonders südländische Gepräge.

Limone ist zur Hauptreisezeit fest im Griff der Pauschaltouristen und der Surfer, was eine ganz bestimmte Gastronomie und ein ebensolches Warenangebot zur Folge hat. Limone ist schön in der Nebensaison, im Frühling und im Spätherbst, wenn die ansonst überfüllten Gassen und Plätze noch etwas vom ursprünglichen Reiz dieses «nördlichen Amalfi» erkennen lassen. Es lohnt sich, den alten Ortskern mit den verwinkelten und teils steilen Gassen zu erkunden.

Die Pfarrkirche *San Rocco* zeigt auf ihren Seitenaltären mehrere Gemälde des Andrea Celesti, der nach seiner Verbannung aus Venedig am Gardasee tätig war. Hinter dem Hauptaltar von San Rocco befindet sich ein illusionistischer Altaraufbau, auf dem Szenen aus dem Leben des heiligen Rochus, eines Pestheiligen, dargestellt werden.

Nur von außen zu besichtigen, unter schroffen Felswänden sehr idyllisch zwischen Ölbäumen gelegen, ist die romanische Kirche *San Pietro in Oliveto*. Für Wanderfreunde gibt es von hier aus eine aufregende Route nach Tremosine.

Lonato *siehe* **Desenzano**

Madonna della Corona *siehe* **Garda**

Madonna di Monte Castello ⑫. Man zweigt auf der Gardesana occidentale (*siehe Seite 20*) Richtung *Tignale* ab und erreicht über *Gardola* auf einer kurvenreichen Straße durch eine bizarre Gebirgslandschaft die Hochebene von Tignale.

Die Wallfahrtskirche *Madonna di Monte Castello* unweit der Hochebene, hart am Felsabbruch erbaut, der nahezu 700 Meter senkrecht abfällt, bietet einen der spektakulärsten Panoramablicke auf den Gardasee und das gegenüberliegende Monte Baldo-Massiv. Ursprünglich stand an Stelle des heutigen Kirchenbaus eine Festung, um die Trient, Verona, Mailand und Brescia im Mittelalter erbittert kämpften. Sehenswert sind im Kirchen-Innenraum verschiedene Gemälde von Andrea Celesti aus dem 17. Jahrhundert und die Darstellung der «Krönung Mariens» aus der Schule Giottos.

Maguzzano *siehe* **Desenzano**

Malcesine ⑬. Wahrzeichen von Malcesine ist die *Scaligerburg* mit dem wuchtigen Burgfried auf dem Felssporn über dem See. Der Ort besaß schon in der späten Völkerwanderungszeit und unter der Langobardenherrschaft Bedeutung. Im Mittelalter gehörte er zum vorgeschobenen Posten des Veroneser Stadtstaates, deren Herrscher, die Signori della Scala, der Burg von Malcesine weitgehend ihr heutiges Aussehen gaben. Die zinnenbekrönte Anlage beherbergt mehrere sehenswerte Museen: das *Museo del Garda* (Fauna und Flora des Gardasees), das *Museo del Baldo* (Geologie des Monte Baldo) und ein *Fischereimuseum*, das auch einige Exponate von Schiffsresten der versenkten venezianischen Flotte von Lazise zeigt. Ein Raum und eine Büste sind Goethe gewidmet, der hier beim Zeichnen des alten Gemäuers im September 1786 beinahe als vermeintlicher Spion verhaftet worden wäre; die altehrwürdige Serenissima Venedig hatte damals beträchtliche Angst vor den Habsburgern.

Der historische Kern von Malcesine, das zur Hauptreisezeit ziemlich überlaufen ist, hat mit seinen verwinkelten Gassen und Gäßchen, Bögen und Durchgängen und vor allem mit dem Kopfsteinpflaster viel von seiner mittelalterlichen Ursprünglichkeit bewahrt. An die venezianische Herrschaft (1405–1797) erinnert der *Palazzo dei Capitani del Lago*, die Gouverneurs-Residenz der venezianischen Statthalter, im Stil der venezianischen Gotik, mit Fresken, einem kleinen pittoresken Palmengarten und einer abschließenden Zinnenmauer zum See hin. Von höherer Warte aus beherrscht die barocke Pfarrkirche *Santi Benigno e Caro* den Ort. Hier befindet sich ein sehenswertes Altarbild mit der Darstellung der «Grablegung Christi» von Girolamo dai Libri (1475–1555). Sehr schöne Ausblicke auf den See bietet die *Strada panoramica*, die in Serpentinen den steilen Berghang mit den Oliven-Terrassen hinaufführt. Die Olivengärten werden hier tra-

Die Verbindung zwischen dem Etschtal bei Rovereto und dem nördlichen Gardasee verläuft durch das Loppiotal. Die Böden sind hier sehr fruchtbar, und in der Nähe von Nago gedeiht ein kräftiger Rotwein.

Die Burg von Malcesine im Abendlicht. Als Goethe auf seiner Italienreise die Festung zeichnen wollte, wurde er beinahe festgenommen, da man ihn für einen österreichischen Spion hielt.

ditionell kultiviert, und das grüne Olivenöl von Malcesine ist wegen seiner Reinheit und dem frisch-fruchtigen Aroma bei Feinschmeckern sehr gefragt (*siehe auch Seite 76*). Eine Seilbahn führt von Malcesine aus bequem hinauf zum *Monte Baldo*, der besonders im Frühling und Frühsommer wegen seines Pflanzenbestandes (*siehe auch Seite 107*) einmalig schön ist.

Landschaftlich traumhaft gelegen ist, wie der Name schon sagt, das weiter südlich gelegene *Val di Sogno*. Die kleine Insel vor der Landzunge, an der das Val di Sogno endet, nennt sich *Isola degli Olivi*, Oliveninsel (die Insel heißt bei den Einheimischen aber auch *Isola dell'amore*). Von Malcesine in Richtung Süden fahrend, erreicht man das kleine Dorf *Cassone* mit dem kürzesten Fluß der Welt: Der Aril mißt stolze 138 Meter von der Quelle bis zur Mündung.

Manerba *siehe* **Valtenesi**

Moniga *siehe* **Valtenesi**

Monte Baldo ⑭. Das Bergmassiv im Osten des Sees erstreckt sich vom Passo San Giovanni im Norden bis zur Punta San Vigilio bei Garda im Süden. Die höchsten Erhebungen liegen etwas über 2000 Meter. Als sich in der letzten Eiszeit die riesigen Gletscher durch das Etsch- und das Sarcatal schoben, schliffen sie Felsen ab und hobelten das Becken für den See aus. Das Geröllmaterial schoben sie nach Süden vor sich her, wo es als vierzig Meter hoher Wall am Rand der Poebene liegenblieb. Dieser Moränenwall im Süden des heutigen Sees ist sehr fruchtbar und erinnert mit seinen Weinbergen, Zypressen und kleinen Dörfern an die Toscana. Doch auch während der Eiszeit blieb ein Teil des Monte Baldo eisfrei, was eine Reihe von voreiszeitlichen Pflanzen überleben ließ, wie zum Beispiel die Klebrige Akelei oder den Spinnweb-Steinbrech. Der Monte Baldo wird seit der Renaissance als botanischer Garten gerühmt. Bereits 1566 veröffentlichte der Veroneser Apotheker Francesco Calzolari ein Büchlein mit dem Titel «Il viaggio di Monte Baldo» mit Pflanzenlisten, Gesteins- und Klimabeschreibungen. Ihm folgten andere Publikationen, die über 200 Jahre hindurch hohe Auflagen erreichten.

Am Monte Baldo kann man, wie nirgendwo so spektakulär in den Alpen, alle Höhenstufen der Vegetation von der mediterranen Macchia-Vegetation über die Buchen-, Fichten- und Legföhrengürtel hin bis zum alpinen Rasen durchwandern.

Am bequemsten erreicht man den Monte Baldo mit der Seilbahn von Malcesine zur Bergstation *Bocca Tratto Spino* aus; es gibt inzwischen – mit Schotterabschnitten – eine durchgehende Bergstraße, doch ist diese nur erfahrenen Chauffeuren zu empfehlen. In *Prada Costabella* und oberhalb von Malcesine ist Alpin-Ski möglich, die Abfahrten sind jedoch kurz; von besonderem Reiz ist aber der Blick hinunter auf den tiefblauen See und den immergrünen Olivengürtel. Im Frühjahr blüht in den Mittellagen des Monte Baldo der Goldregen, es folgen Orchideen und Narzissen, die Wilde Pfingstrose, der weiße Affodill, die Paradieslilie (beide aus dem Mittelmeerraum), die Schopfige Teufelskralle, Feuerlilien, das Monte Baldo-Röschen, auf Kalkwänden die Prächtige Primel, die Baldo-Anemone und ganze Teppiche von Enzian. Im Hochsommer blühen in den Mischwäldern die lilafarbenen, duftenden Alpenveilchen, «i ciclamini», mitunter gepflückt von älteren Frauen, die sie in Restaurants verkaufen, um sich ein kleines Zubrot zu verdienen.

Im Sommer 1989 wurde in *Novezzina di Ferrara* der Botanische Garten eröffnet; in einer Höhe von 1232 Meter gedeihen dort auf einem etwa zwei Hektar großen Gelände an die 600 verschiedene Alpenblumen. Die Anfahrt zum Botanischen Garten erfolgt mit dem Auto von Garda über *Caprino Veronese* hinauf nach *Spiazzi* und *Ferrara di Monte Baldo*. Die «Comunità del Monte Baldo» organisiert auch Führungen.

In Peschiera am Südufer des Sees erinnern die Kanäle und die alten Kasernenbauten an die einstige Funktion des Ortes als Bastion.

Monte Baldo-Wanderer sollten immer etwas Warmes zum Anziehen und vor allem eine wasserundurchlässige Windjacke mitnehmen, denn die Wetterstürze im Sommer sind gefährlich und selbst von Einheimischen gefürchtet. Zum Schluß sei darauf hingewiesen, daß jedes Paradies auch seine Schlange hat: Der Biß der kleinen, inzwischen nur noch selten vorkommenden Baldo-Viper kann tödlich sein.

Padenghe *siehe* **Valtenesi**

Peschiera ⑮. In Peschiera hat der Gardasee seinen einzigen Ausfluß, den Mincio, der 75 Kilometer südlich in den Po mündet. Der Mincio ist ein wichtiger Regulator für den Wasserstand des Sees, der bis zu einem halben Meter schwanken kann. Peschiera, von den Römern Arilica genannt, wurde im Mittelalter wegen seiner Schönheit gerühmt, wohl wegen der Scaligerfestung am Ufer des Gardasees, von der heute jedoch nichts mehr erhalten ist. Die Venezianer bauten den Ort zu einer mächtigen Bastion mit über zwei Kilometer langen Wallanlagen aus, die im vorigen Jahrhundert von den Habsburgern noch verstärkt wurden. Im 19. Jahrhundert wurde Peschiera zu einem Eckpfeiler des berüchtigten «Quadrilatero», des Festungsvierecks von Verona, Mantua und Legnago, von dem aus die italienische Einigungsbewegung (Risorgimento) durch das österreichische Heer niedergehalten werden sollte. Der Durchgangsverkehr zwängt sich heute noch durch enge Torbögen, über Kanäle und Brücken; der Ort Peschiera ist von verfallenden Militäranlagen umgeben. Lohnend sind Ausflüge in das Mincio-Tal (*siehe Seite 64*) nach dem malerischen *Valeggio* und zur großartigen Brückenanlage von *Borghetto*, die mit 600 Meter Länge, 26 Meter Breite und 10 Meter Höhe auf Veranlassung des Mailänder Herrschers Giangaleazzo Visconti im Jahr 1393 in nur acht Monaten erbaut worden war. Als Staumauer gedacht, sollte diese Anlage das verfeindete Mantua austrocknen. Die Geschichte verlief anders, nur verhinderte ausgerechnet diese Brücke später den venezianischen Schiffen die Zufahrt zum See, weswegen der aufwendige Landtransport der Schiffe nach Torbole unternommen wurde (*siehe Seite 129*).

Im Süden des Gardasees tobten die Schlachten des Risorgimento. In *San Martino della Battaglia* und *Solferino*, wo die «Rot-Kreuz-Idee» geboren wurde, sind Museen und Ossarien zu besichtigen. Das idyllisch anmutende Gelände ist ein bekanntes Weinanbaugebiet für den Bianco di Custozza.

Sehenswert ist der *Parco Giardini Sigurtà*, eine weitläufige Parklandschaft mit einer über hundertjährigen Mittelmeerflora. Drei Kilometer südwestlich von Peschiera liegt der Wallfahrtsort *Madonna del Frassino* mit zwei Kreuzgängen.

Fortsetzung Seite 126

Denkmal für den Dichter Dante Alighieri (1265–1321) auf der Piazza dei Signori in Verona.

Nächste Doppelseite: Blick aus der Vogelperspektive auf Verona; im Vordergrund das Ensemble der Piazza dei Signori mit dem Palazzo dei Tribunali, dem Palazzo del Governo und der berühmten Loggia del Consiglio.

Die Piazza delle Erbe, einer der lebendigsten Plätze in der Innenstadt Veronas (siehe auch Seite 149). Im Hintergrund der Markuslöwe, das Wappentier Venedigs, vor dem Palazzo Maffei und der Torre del Gardello.

Oben und unten: Die Piazza Brà ist nicht nur ein Anziehungspunkt für Touristen und Festspielbesucher, sondern ebenso wie der Listone rund um die Arena einer der beliebtesten Treffpunkte der einheimischen Jugendlichen.

Nächste Doppelseite: Blick vom Römischen Amphitheater, dem Teatro Romano, im Osten Veronas, auf die ehemalige Römerbrücke Ponte Pietra und den Dom.

Die Schwalbenschwanz-Zinnen, im Mittelalter «merli ghibellini» genannt und Zeichen der kaisertreuen Partei der Ghibellinen, krönen die Ponte Scaligero in Verona.

Der Kreuzgang von San Zeno Maggiore versetzt den Besucher in die meditative Stille mönchischen Lebens. Groß war die Macht der einstigen Benediktinerabtei in Verona, zumal die deutschen Kaiser auf ihren Italienzügen hier Quartier bezogen.

Häuserzeile auf der Piazza Brà in Verona. Der Fußgängerbereich der Piazza ist mit Veroneser Marmor ausgelegt und vor allem samstags und sonntags eine Flaniermeile für jung und alt.

Zugang zur Altstadt Veronas – Fragmente der Porta Borsari: Das Tor wurde im 2. Jahrhundert n. Chr. errichtet und nach den im Mittelalter dort postierten Zolleinnehmern, den Borsarii, benannt.

Beliebte Verkehrsmittel in der Altstadt Veronas: Vespas, Mofas und Fahrräder, die an den Seiten der Straßen und in den engen Gassen abgestellt werden.

Verona bietet Kunst- und Architekturliebhabern nicht nur herausragende sakrale Bauwerke und Paläste, sondern auch sehenswerte private Villen und kleine Palazzi. Villa an der Via dei Mille auf dem der Altstadt gegenüberliegenden Ufer der Etsch.

Der Renaissance-Garten der Familie Giusti im Osten Veronas sollte Kunst und Natur vereinen. Während des 19. Jahrhunderts wurden weite Teile des Giardino Giusti zu einem englischen Landschaftsgarten umgestaltet. Nach dem Zweiten Weltkrieg erhielt die Anlage annähernd wieder ihr ursprüngliches Aussehen.

1570 entstand zusammen mit dem Palazzo der Familie Giusti die große Gartenanlage, die auch jenseits der Alpen berühmt war. Goethe bewunderte den Skulpturenschmuck, vor allem aber die Zypressenallee des Giardino Giusti.

Nächste Doppelseite: Brückenstadt Verona: Einst wichtiger Kreuzungspunkt zweier großer Verkehrsadern – vom Mittelmeer nach Norden, von Frankreich nach Osten –, heute eine lebendige Stadt, die den Besucher schon ganz in den Bann Italiens zieht.

Die Juliastatue vor der Casa di Giulietta in Verona wurde im 19. Jahrhundert von Nereo Costantini geschaffen. Einer gern geglaubten Vorstellung zufolge verspricht die Berührung der Figur ewiges Glück in der Liebe.

EINE TRAGÖDIE MIT LITERARISCHEN FOLGEN

Romeo und Julia in Verona

Literaturwissenschaftler führen die Fabel des Dramas «Romeo und Julia» auf den «Ephesius», einen Roman des Griechen Xenophon, zurück. Die einzige Übereinstimmung zwischen diesem und Shakespeares Text ist, daß die Liebende einen Schlaftrunk zu sich nimmt, um einer unerwünschten Heirat zu entgehen. Eine ähnliche Begebenheit wird später, in dem 1476 gedruckten «Novellino» von Massuccio Salernitano erzählt, in dem die Liebenden Mariotto und Gianozza heißen und in Siena leben. Luigi da Porto griff 1524 das Thema wieder auf – angeblich hatte er die Geschichte von einem Soldaten erfahren – und nannte seine Tragödie «La Giulietta». Da Porto war der erste, der die Begebenheit nach Verona verlegte. Er war es auch, der den Personen

die Namen gab, die Literatur- und Bühnengeschichte machen sollten. Bis dahin aber befaßten sich noch andere Autoren mit dem Liebesdrama: Gherardo Boldiero 1552, Bandello 1554; die Übersetzung ins Französische folgte kurz darauf durch Boisteau. Paynter übertrug den Text schließlich ins Englische und veröffentlichte ihn 1567, nachdem Arthur Brooke 1562 ein Gedicht zum Thema verfaßt hatte. Auf Brookes Werk «The tragical history of Romeus and Juliet» baute William Shakespeare seine Tragödie auf. Shakespeare schreibt die Tragödie «Romeo und Julia» wahrscheinlich 1569. Bereits 1597 erwähnt sie Francis Meeres, ein Zeitgenosse Shakespeares. Im gleichen Jahr erschien eine Ausgabe des Dramas, aber ohne Nennung des Dichters. Shakespeare-Forscher halten diese für die allererste, sprechen ihr jedoch die Echtheit ab. Eine andere, etwas umfangreichere, im

Tausende pilgern jährlich nach Verona zu den Stätten, an denen sich die tragische Romanze und der Liebestod von Julia Capuleti und Romeo Montecchi ereignet haben soll. Ob wahr oder erfunden, Romeo und Julia sind das berühmteste Liebespaar – nicht nur in der Weltliteratur.

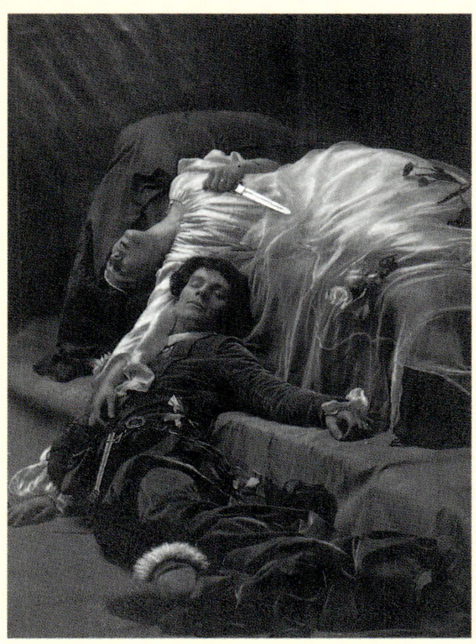

Oft wurde das Liebespaar abgebildet, ob auf Gemälden, oder – wie hier – auf Postkarten, die das Drama illustrieren (Fotopostkarten; von 1905): «Balkonszene» (oben), «Liebesglück» (Mitte), «Liebestod» (unten).

Jahr 1599 ebenfalls ohne einen Autorennamen erschienene Ausgabe hält man dagegen für die authentische Fassung.

Nicht nur um den Text Shakespeares allein gab es also Turbulenzen, bestimmten Zweifel, Behauptungen, Anfechtungen die Bearbeitung und Auslegung. Auch die Quellengeschichte des anrührenden Liebesdramas ist verschlungen. Und da die traurige Geschichte von Romeo und Julia kein rechter Stoff für trokkene wissenschaftliche Studien ist und die genaue Herkunft eigentlich auch keinen interessiert, wird rund um die Stätten der Liebenden in Verona die Tatsache meist unterschlagen, daß es Romeo und Julia vielleicht nie gegeben hat, obwohl eine vergleichbare Familienfehde aus der Zeit der Signorien in der Stadt überliefert ist. Auch der berühmte Balkon in der Via Cappello hat niemals Julias zarten Fuß gespürt. Ihr angeblicher Steinsarkophag im Kloster San Francesco ist ebenfalls nur eine symbolische Stätte, die eine liebesselige Phantasie sich geschaffen hat und die im Lauf der Zeit zu einem realen Wallfahrtsort geworden ist. Aber ist es nicht gleichgültig, ob die Reliquien eines Heiligen tatsächlich im Schrein ruhen oder der Schrein nichts birgt als einen starken Glauben? Kann es dem Charisma der Julia schaden, wenn man weiß, daß der Balkon in der Via Cappello aus dem 20. Jahrhundert stammt? Der Hof des Elternhauses von Julia ist trotzdem voll von Liebespaaren aus allen Nationen, die Wände des Palazzo sind übersät mit bunten Sgraffiti, mit Gebeten, Liebesbeschwörungen, Wünschen, mit Namen, Herzen, Rosen. Und inmitten des Herz-Schmerz-Getümmels die grazile Julia-Statue von Nereo Costantini, deren eine Brust ganz blank ist, weil sie so oft berührt wird.

Die kleinen Bräuche rund um Romeo, Julia und Verona würden wohl auch weiterleben, wenn sich herausstellte, daß der ganze Shakespeare eine Fälschung und Romeo und Julia eine PR-Kampagne wären. Es hat mit der Liebesgeschichte aller Liebesgeschichten vielmehr eine andere Bewandtnis. Der Dichter Johann Gottfried Herder beschreibt sie so: «Aus Szenen und Zeitläufen aller Welt findet sich, wie durch ein Gesetz der Fatalität, eben die hierher, die dem Gefühl der Handlung die kräftigste, die idealste ist; wo die sonderbarsten, kühnsten Umstände am meisten den Trug der Wahrheit unterstützen, wo Zeit- und Ortwechsel, über die der Dichter schaltet, am lautesten rufen: Hier ist kein Dichter! Ist Schöpfer! Ist Geschichte der Welt!»

Rita Baedeker

Riva ⑯. Mit ungefähr 13 000 Einwohnern ist Riva der Hauptort des nördlichen Gardasees. Der Name geht auf «ripa», lateinisch «Ufer», zurück. In und unmittelbar nach der Völkerwanderungszeit wurde der Ort von Goten, Langobarden und Franken beherrscht und im Jahr 1027 dem Herrschaftsgebiet des Fürstbistums von Trient einverleibt. Im Bogengang des *Palazzo Pretorio* hängt eine Tafel, auf der die Namen der Herren, Staaten und Völker stehen, unter deren Herrschaft die Bevölkerung von Riva im Lauf von zweitausend Jahren stand: Es sind an die fünfunddreißig. Besonders das Mittelalter ist in Riva gekennzeichnet durch wechselnde Herrschaften. Riva lag wirtschaftlich sehr günstig, hier wurden die Waren und Güter angelandet, nach denen dies- und jenseits der Alpen gefragt wurde. Hier vereinigten sich sowohl die Handelswege als auch die Machtinteressen Mailands, Veronas, Venedigs, Trients und Tirols. Auf die verschiedenen Herren folgten ab dem 16. Jahrhundert die Fürstbischöfe von Trient bzw. das österreichische Kaiserreich; seit November des Jahres 1918 gehört die Stadt Riva zu Italien.

Riva macht zwar einen ganz italienischen Eindruck, doch haftet dem Ort bei genauerem Hinsehen ein etwas verstaubter Hauch der k.u.k.-Zeit an: Viele Stadthäuser tragen barokkes Gepräge, Kirchen gibt es viele. Die Straßen der Altstadt von Riva sind eng, und man hat dauernd die schroff aufragende *Rocchetta* (1567 m) im Blickfeld, an deren Fuß Riva liegt. Riva ist die Stadt der Kongresse, der internationalen Veranstaltungen (gefördert von der Autonomen Provinz Trient, zu der das nördliche Seestück gehört), die Stadt der Wassersportler, vor allem aber das Dorado der Freeclimber.

Unter der Regierung Österreichs war Riva vor allem Kurstadt, die ein illustres Publikum anzog, Friedrich Nietzsche war da, die beiden Brüder Mann stiegen hier ab, und Franz Kafka fühlte sich in Riva als «des Südens Gast», während er in einem Sanatorium seine Lungenkrankheit zu kurieren suchte.

Wahrzeichen der Stadt Riva ist der *Anzolim*, der kleine vergoldete Engel auf dem *Apponale-Turm*, der das Hafenpanorama von Riva beherrscht. Der 35 Meter hohe Turm diente zeitweise als Gefängnis; Nietzsche träumte einmal davon, dort als ein Eremit seine Tage zu beschließen.

Zentrum der Stadt ist die *Piazza 3 Novembre:* Hier gingen am 3. November 1918 italienische Truppen an Land. Bogengänge, von den Scaligern in Auftrag gegeben, schließen die Nordseite der Piazza ab, während die Westseite vom *Rathaus* beherrscht wird, das von den Venezianern 1482 bezogen wurde. Es wird durch den Bogen der *Porta Bruciata* mit dem *Palazzo Pretorio* verbunden, den Cansignorio della Scala im Jahr 1370 errichten ließ. Unter den Arkaden, die einst als Pranger für Gotteslästerer dienten, finden sich Wappen und Gedenktafeln. Eine Gedenktafel erinnert an den Rabbiner Jacopo della Marcaria (16. Jahrhundert) und seine hebräische Buchdruckerei. An der Fassade des Palazzo Pretorio sind die Wappen Venedigs und Trients zu sehen.

Die *Rocca*, die wuchtige Stadtburg von Riva, liegt direkt am Seeufer; 1124 errichtet, wurde sie von allen Stadtherren ausgebaut; hierher flüchtete der Bischof von Trient 1525 vor seinen aufständischen Bauern. Die größte Veränderung erfuhr die Burg im vorigen Jahrhundert durch die Österreicher, die sie als Kaserne nutzten. Heute ist hier das Stadtmuseum von Riva untergebracht; neben den üblichen prähistorischen und historischen Exponaten verdienen die Werke des im nahen

Links: Riva im Norden besitzt eine Fährverbindung nach Desenzano am Südwestufer des Sees.

Oben: Die Inviolata-Kirche in Riva wurde von einem portugiesischen Architekten zu Beginn des 17. Jahrhunderts erbaut.

Arco geborenen Malers Giovanni Segantini (1858–1899) Beachtung. Die Barockkirche *Santa Maria dell'Assunta* aus dem 18. Jahrhundert ist mit einem Außenfresko des aus Riva gebürtigen Künstlers Giuseppe Craffonara geschmückt, der im Innern das Altargemälde mit der «Schmerzensmutter» schuf. Durch das nördliche Stadttor von Riva gelangt man zur *Chiesa dell'Inviolata*, einer achteckigen Barockkirche aus dem frühen 17. Jahrhundert mit sehenswerten Gemälden von Palma il Giovane, Guido Reni und Pietro Ricchi. Das Schnitzwerk am Chorgestühl von Giuseppe della Benedetta zeigt Szenen aus dem Alten und Neuen Testament.

Von Riva aus ist der halbstündige Aufstieg auf den *Bastione* empfehlenswert, der am *Monte Rocchetta* steht. Von der Ruine des Turms aus genießt man einen prächtigen Ausblick auf den See und das Städtchen. Dasselbe gilt auch für den *Monte Brione*, der zwischen Riva und Torbole liegt. Am Monte Brione wachsen angeblich die nördlichsten Oliven Europas.

Links: Renaissance-Portal an der schmucklosen Backsteinfassade des Doms von Salò.

Rechts: Das Publikum in der Innenstadt von Riva ist bunt gemischt: Tagesausflügler, Kongreßteilnehmer und Sportler.

Ein unvergeßliches Naturerlebnis in der Umgebung von Riva ist der *Varone-Wasserfall*, der achtzig Meter durch eine Schlucht herunterstürzt. Ein herrlicher Blick auf den See und die umliegenden Gebirgszüge, den Monte Baldo und die Brenta-Dolomiten, bietet sich von *Pregasina* aus.

Salò ⑰. Mit 12 000 Einwohnern bildet Salò, das in einer weiten Bucht liegt, einen der Hauptorte am See. Salò wird von einem gehobenerem Publikum, vorwiegend von Italienern besucht. Schon um die Jahrhundertwende begann hier der Tourismus mit dem Geldadel aus der Lombardei. Die berühmte Uferpromenade von Salò verdankt ihre Entstehung der Erdbebenkatastrophe von 1901: Beim Wiederaufbau bereicherte man das Ortsbild mit einer damals brandneuen Errungenschaft des Tourismus, einem *Lungolago*. Die Seepromenade mit den prächtigen Fassaden gibt der ansonsten gedrängten Altstadt von Salò Licht und Weite.

Im Jahr 1377 kam Salò als Mitgift der Beatrice Regina della Scala unter mailändische Herrschaft. Diese Zeit der mailändischen Herrschaft dauerte jedoch nur bis zum Jahr 1426, da sich die Stadt in diesem Jahr freiwillig den Venezianern unterwarf, unter denen sie zu einem bedeutenden Verwaltungszentrum heranwuchs. Die Stadt Salò ist in der Geschichte auch bekannt als Hauptort der «Repubblica di Salò», jenes faschistischen Restitaliens, das von der deutschen Wehrmacht und den faschistischen Milizen kontrolliert wurde. In Villen und Hotels wurden die Ministerien von Benito Mussolinis Marionettenregierung einquartiert und Staat gespielt, während die Alliierten bereits immer näher rückten (*siehe Seite 102*).

Der Dom *Santa Maria Annunziata* wurde nach den Plänen des Architekten Filippo delle Vacche im spätgotischen Stil errichtet und erst im 16. Jahrhundert vollendet. Durch das Renaissance-Portal in weißem Marmor von Antonio della Porta betritt man einen unvermutet weiten, aber schwer wirkenden Innenraum mit einem Spitzbogengewölbe. Der Dom ist reich ausgestattet, vor allem mit Gemälden. Als Kuriosität gilt ein Detail im Stifterbild des heiligen Antonius von Padua im linken Seitenschiff: Ein kleiner Engel wendet sich angewidert von der feisten Figur des Stifters ab. Der Renaissance-Maler Girolamo da Romano, genannt Romanino (1486 bis 1560), hatte mit seinem fetten Auftraggeber offensichtlich wohl Schwierigkeiten. Sehenswert ist auch ein Holzkreuz mit einer naturnah wirkenden Christusfigur des Johannes von Ulm (1449), der als Johannes Teutonicus am Gardasee tätig war. Reich ausgeschmückt ist der Domchor; die großen Kandelaber am Altar stammen angeblich von eingeschmolzenen türkischen Kanonen, die in der Seeschlacht von Lepanto (1571) von den Venezianern erbeutet worden waren. Am Lungolago begegnet man zwei Palazzi von Bedeutung: zuerst dem *Palazzo del Podestà*, dem alten Rathaus. Von Andrea

Sansovino (1486–1570) geplant, durch ein Erdbeben zerstört und 1905 wiederaufgebaut mit Fassade und Arkadengang im venezianischen Stil, war das Gebäude Sitz des venezianischen Statthalters. Die Arkaden schließen direkt an die Kolonnaden des *Palazzo della Magnifica Patria* an, einst Sitz der «Comunità della Riviera», der Verwaltungsgemeinschaft der westlichen Gardasee-Orte. Im Palazzo della Magnifica Patria ist das *Museo Civico Archeologico* mit Funden aus einer altrömischen Nekropole untergebracht. Am westlichen Ende der Seepromenade erstreckt sich die *Piazza Vittorio Emanuele*, volkstümlich «La Fossa» genannt, die von der *Torre dell'Orologio*, einem venezianischen Uhrturm, abgeschlossen wird. Ein kurvenreiches Sträßchen führt von Salò aus zum Dörfchen *San Bartolomeo* mit dem gleichnamigen Aussichtsberg: Der Ausblick vom San Bartolomeo ist den Aufstieg wert!

San Zeno *siehe* **Brenzone**

Sirmione ⑱ liegt auf einer vier Kilometer langen in den See ragenden Halbinsel und ist ein vielbesuchter Ausflugs- und Kurort. Über eine Zugbrücke betritt man durch ein Tor den einzigen Landzugang zur schattigen, autofreien Altstadt. Rechter Hand liegt die malerische Wasserburg der Scaliger, der Stadtherrn von Verona, die im Innern mit steilen Treppen, Fallgittern, Wehranlagen, Ecktürmen und dem Hauptturm einen eher düsteren Eindruck macht. Die Scaligerburg, eine der am besten erhaltenen Wasserburgen aus der Zeit um 1300, ist durch einen Wassergraben vom Ort getrennt und besitzt als zweiten Burghof einen mauergesäumten, befestigten Hafen. Im Innenhof sind einige antike und langobardische Fundstücke ausgestellt. Sirmione war schon zur Römerzeit als Villenort bekannt. Aus der Nähe von Sirmione stammt der jung verstorbene Dichter Gaius Valerius Catullus (etwa 84–54 v. Chr.), der den Ort Sirmione in einem Gedicht emphatisch feiert: «Salve, o venusta Sirmio ...». Die Reste einer großen römischen Villenanlage am Sporn der Halbinsel haben, obwohl nach ihm *Grotte di Catullo* genannt, nichts mit dem römischen Dichter der kultivierten Erotik zu tun. Die Grotte di Catullo sind wahrscheinlich massive Subkonstruktionsbauten einer großen römischen Villenanlage, die auch ein Schwimmbad besaß, das über Bleirohre vom Thermalwasser der Boiola-Quellen aus 19 Meter Seetiefe gespeist wurde. Sehenswert ist das über 20 000 Quadratmeter große Areal auf jeden Fall, ebenso das kleine Museum.

Der See erscheint an dieser Stelle türkisblau, da das Wasser hier sehr seicht ist und nur einen knappen Meter über der von der Eiszeit abgehobelten Felsplatte liegt. Besonders eindrucksvoll sind in Sirmione die Sonnenuntergänge.

Die lauschige Altstadt von Sirmione besitzt Geschäfte gehobeneren Geschmacks und schattige Trattorien, Thermalbäder und drei feine Kurhotels mit herrlichen Parkanlagen. Die 69 Grad Celsius heiße Schwefelquelle eignet sich zur Linderung von Rheuma, Gicht, Bronchial- und Lungenleiden. Wirkungsvoll plaziert, inmitten von Oliven und Zypressen, steht die von langobardischen Mönchen gegründete Kirche *San Pietro in Mavino*. Sie besitzt drei Apsiden und enthält Fresken, von denen besonders die Darstellung des Jüngsten Gerichts aus dem 14. Jahrhundert hervorsticht. Die Pfarrkirche *Santa Maria Maggiore* hat einen Säulengang vor der Westfassade und im Innern zahlreiche Fresken (15. Jahrhundert) sowie ein großes Ölgemälde des Paolo Farinati (1524 bis 1606), eines Schülers des berühmten Paolo Veronese.

Das Ortsbild von Torbole am nordöstlichen Ufer des Gardasees vermittelt die Pole, um die das Leben am See kreiste und heute kreist: Ereignete sich früher der Alltag zwischen dem winzigen Hafen und der großen Kirche, so stehen heute Hotels und Pensionen im Mittelpunkt.

Torbole ⑲. Das Schönste an Torbole, dem Surfparadies (*siehe Seite 52*), ist die Anfahrt über die Serpentinenstraße von Nago herunter. Der Ort wirkt eingeklemmt zwischen dem See und dem gewaltigen Monte Brione, der als Relikt der Eiszeit wie ein sinkendes Schiff aus dem Sarcatal ragt. Normalerweise ist Torbole fest in der Hand der Surfer, so daß vor lauter sportlichem Publikum und entsprechendem Warenangebot kaum ein Blick übrigbleibt für die Sehenswürdigkeiten.

Das Ortsbild von Torbole wird typischer, je weiter man sich von der Hauptstraße weg zum verwinkelten alten Ortskern Richtung Berghang hin bewegt. Die Pfarrkirche birgt ein barockes Gemälde des Veroneser Malers Giambettino Cignaroli mit dem Martyrium des heiligen Andreas. Malerische Ausblicke auf den See bietet der steingepflasterte, mauergesäumte Weg von Torbole hinauf nach Nago, einer jener alten Wege, wie sie am Gardasee leider immer seltener werden.

Interessant sind die nur wenige hundert Meter neben der Straße nach Arco liegenden *Marmitte dei Giganti* (Schüsseln der Riesen), die Gletschermühlen, fast haushohe Vertiefungen, die das eiszeitliche Schmelzwasser mit Mahlsteinen richtiggehend aus dem Kalkfels gedrechselt hat.

Von historischem Interesse ist die ungewöhnliche Geschichte vom «Landgang» der Kriegsschiffe. Die Venezianer transportierten, nachdem die südliche Wasserzufahrt zum Gardasee durch die Mailänder Visconti versperrt war, im Jahr 1438 sechs Galeeren, zwei Galeonen und sechsundzwanzig Kriegsbarken die Etsch herauf, dann über den Loppiossee und den Passo San Giovanni bis zum Steilabhang von Nago, um die Schiffe dann von dort auf Baumstämmen, die als Rollen dienten, nach Torbole abzuseilen. Zweitausend Ochsen sollen damals im Einsatz gewesen sein.

Torri del Benaco ⑳. Am Hang liegen die Villen und die Fremdenpensionen. Das nahezu autofreie Zentrum liegt am Hafen, eingerahmt von schönen Häuserfassaden, überragt von der Scaligerburg. Das Gebäude an der Nordseite des Hafens, heute das «Hotel Gardesana» mit seinem schönen Laubengang, war einmal der Hauptsitz der «Gardesana dell'Acqua», einer Vereinigung von Ortschaften, die unter der Herrschaft von Venedig eine gewisse Verwaltungsautonomie besaßen. Etwas zurückversetzt steht daneben die kleine Kirche *Santissima Trinità*. Sie ist mit sehenswerten Fresken aus der Schule des berühmten Giotto ausgemalt. Die Piazza von Torri del Benaco ist nach dem hier gebürtigen Renaissance-Gelehrten Domizio Calderini benannt, dessen Worte auf einer Gedenktafel zu lesen sind: «Abi, viator, sat oculis tuis debes!» (Geh, Wanderer, deine Augen sind gesättigt!).

Torri ist ein geschichtsträchtiger Ort, der im 10. Jahrhundert unter dem langobardischen Nationalkönig Berengar I. eine wichtige Rolle spielte. Neben der Pfarrkirche erhebt sich die *Torre di Berengario*, der Turm des Berengar, der vermutlich auf römischen Fundamenten steht.

Die *Scaligerburg* von Torri del Benaco wurde vom Veroneser Stadtfürsten Antonio della Scala errichtet. An ihrer Südwand befindet sich eine «Limonaia», eines der letzten für den Gardasee früher so typischen Gewächshäuser für Zitrusfrüchte. Als Thermometer dienten einst mit Wasser gefüllte Tonschüsseln: Gefror darin das Wasser bei Kälteeinbrüchen, wurden zwischen den Zitronenbäumen kleine Feuer entzündet. Der Handel mit Zitronen bot der Bevölkerung am Gardasee eine bedeutende Einnahmequelle, zumal das nächste Anbaugebiet für Zitrusfrüchte erst wieder südlich von Neapel beginnt. Das Museum der Burg zeigt Geräte der Gardasee-Fischerei und des Olivenanbaus mit einer nachgebauten römischen Olivenpresse sowie Gipsabdrücke der prähistorischen Felsgravuren am *Monte Luppia*, die von Torri del Benaco aus in einer bequemen Wanderung erreichbar sind. In der barocken Pfarrkirche *Santi Pietro e Paolo* steht eine wertvolle Orgel des aus Desenzano gebürtigen Angelo Bonatti.

Toscolano-Maderno ㉑. Der Doppelort am Westufer liegt auf dem Schuttkegel des Mündungsdeltas des Flusses Toscolano, der die beiden Ortschaften voneinander trennt.

Toscolano soll ursprünglich, bevor es durch einen Bergsturz verschüttet wurde, den Namen «Benacum» getragen haben, den die Römer auch dem Gardasee gaben. An die Römerzeit erinnern in Toscolano noch die Ruinen einer *Villa* mit schönen Mosaikfußböden und Säulenreste eines *Jupitertempels*. Die Blütezeit des Ortes begann, als um 1350 im engen Valle delle Cartiere hinter Toscolano *Papiermühlen* errichtet wurden. Im Jahr 1478 gründete Gabriele di Pietro aus Treviso hier die erste Buchdruckerei der Lombardei. Die «Tipografia benacense» wurde weltberühmt; Martin Luthers lateinische Bibel, Grundlage für seine Übersetzung, stammte aus Toscolano, und die Flugschriften der deutschen Reformatoren wurden auf Papier aus Toscolano gedruckt. Im 19. Jahrhundert wurde die Modernisierung verschlafen, die «Cartiera di Toscolano SpA» sitzt heute in Vicenza und unterhält in Toscolano nur noch einen kleinen Tochterbetrieb.

Maderno war bis 1377 Hauptsitz der «Comunità della Riviera»; als auf Betreiben der Beatrice Regina della Scala der Sitz der «Comunità» nach Salò verlegt wurde, warfen die aufgebrachten Bewohner von Maderno das Standbild der Beatrice in den See und nannten ihre Regentin fortan nur noch voller Verachtung «Regina della Cagna», Hundekönigin.

Aufgrund seiner Lage bildet Maderno heute den geographischen Mittelpunkt der Gardesana occidentale, der Westseite des Gardasees. Der lebhafte Ort ist besonders bei älteren Menschen und bei Familien mit Kindern beliebt; nirgendwo am Gardasee blüht der Oleander üppiger an Straßen und Promenaden. Knapp hinter der Uferpromenade von Maderno befindet sich die Pfarrkirche *Sant'Andrea*, eine der sehenswertesten Kirchen am Gardasee. Sie ist ein vorzügliches Beispiel für lombardische Bau- und Steinmetzkunst des 12. Jahrhunderts; beste Handwerksarbeit zeigen das vielfach abgestufte Säulenportal und die schön gestaltete Fassade, die durch monumentale Halbsäulen gegliedert ist. Beachtenswert ist der Giebelfries, dessen kleine Blendbögen auf teilweise skurril gestalteten Menschenköpfen aufliegen. Im Innenraum

von Sant'Andrea verdienen besonders die kunstvoll gestalteten Kapitelle der Säulen Beachtung. Ähnlich wie in den Kirchen Veronas findet sich auch hier in Maderno eine sogenannte Bühnenkrypta, die, halb in den Boden versenkt, den Altarraum wie eine überhöhte Bühne trägt. Die neuere Pfarrkirche *Sant'Ercolano* besitzt ein spätgotisches Gemälde von Paolo Veneziano und ein «Martyrium des heiligen Andreas» von Francesco Bassano aus dem 16. Jahrhundert.

Nur von außen zu betrachten ist der *Palazzo Gonzaga*, 1606 von den Herzögen von Mantua als Sommerresidenz errichtet. Ein unterirdischer Gang verbindet den Bau mit der höher gelegenen, 1660 errichteten *Palazzina*.

Tremosine ㉒. Die Auffahrt nach Tremosine zweigt unvermittelt von der Gardesana occidentale ab. In abenteuerlichen Serpentinen, von kurzen Tunnels unterbrochen, windet sich die Straße an der Steilwand entlang hinauf (*siehe Seite 20*). Dem Auge bieten sich surreal wirkende Ausblicke, ein Wechsel von weißem Fels, dunklen Tunnels und gleißend hellem Himmel. Auf halber Höhe wird eine große, cañonartige Felsschlucht durchquert, danach weitet sich unvermutet das Gelände. Auf der *Terrazza del brivido*, der Terrasse des Schauderns, fällt die Felswand fast 350 Meter senkrecht ab. *Pieve di Tremosine*, Hauptort der Gemeinde Tremosine, war ein Bauern- und, trotz seiner Höhenlage, auch ein Fischerdorf.

Der alte Steig hinunter zum See und zum *Porto di Tremosine*, zum Hafen, ist gut erhalten; ihn zu begehen erfordert allerdings unbedingte Schwindelfreiheit. Dafür wird der Wanderer aber mit einem Natur- und Landschaftserlebnis ersten Ranges belohnt. Vor dem Bau der Straße wurden alle lebenswichtigen Güter, auch die gefangenen Fische, auf dem Buckel den steilen Weg nach Tremosine heraufgeschleppt. Es war übrigens auch der tägliche Fußweg der Mädchen und Frauen hinunter zum Boot, das sie bei jedem Wetter zu einem 12-Stunden-Arbeitstag in die Baumwollspinnerei von Campione (*siehe Seite 81*) brachte.

Der Uhrturm in Brescia ist dem Vorbild auf dem Markusplatz in Venedig nachempfunden. Die große Uhr zeigt neben den einzelnen Mondphasen die Position der Sonne in den Sternzeichen.

Valtenesi ㉓. Das Hügelland im Südwesten des Sees, das Valtenesi, ist Anbaugebiet für süffige Weißweine (*siehe Seite 76*). Der bekannteste Wein dieser Region ist der *Lugana*, der von seinem Aroma her mit dem *Bianco di Custozza* verwandt ist. Gern getrunken werden auch der trockene Roséwein *Chiaretto* und der *Groppello*. Das Küstengebiet des Valtenesi ist besonders bei Campingfreunden und bei Familien mit Kindern beliebt, denn die Strände sind meist breit, das Wasser seicht und warm. Im Gegensatz zum touristisch stark erschlossenen Küstenstreifen dösen die Dörfer hier im Hinterland verschlafen vor sich hin; auffallend sind die gewaltigen spätmittelalterlichen Festungsanlagen: Im Mittelalter tobten blutige Kämpfe der Guelfen und Ghibellinen (Papst- und Kaiser-Anhänger), der italienischen Stadtstaaten und der Mailänder und Venezianer in diesem Gebiet. Das erklärt den Bau von weitläufigen Kastellen wie der Festung von *Moniga* im südlichen Valtenesi: Durchschreitet man den Torturm der Burg, so findet man sich in einem Dörfchen wieder. Dasselbe gilt für die Festungsanlage von *Padenghe*, innerhalb deren Mauern sich im Lauf der Zeit ein Dorf angesiedelt hat. Der fast 200 Meter aus dem See ragende Kalkfelsen der *Punta di Manerba* ist Wahrzeichen der Gegend. Dem Fels vorgelagert ist die Insel *San Biagio*, deren dunkle Zypressen einen starken Kontrast zum türkisblauen Wasser abgeben. Man kann die Insel im seichten Wasser zu Fuß erreichen, und sie bietet die schönsten Badeplätze. Von der *Rocca di Manerba* aus sieht man an klaren Tagen hinüber zur Punta San Vigilio am Ostufer. Nur aus der Distanz zu besichtigen ist die traumhaft schöne Insel *Isola di Garda* mit dem neugotisch-venezianischen Palast (1884–1901 erbaut) der Fürstenfamilie Scipione-Borghese inmitten einer prachtvollen mediterranen Vegetation. Diese Insel war ein Geschenk Kaiser Karls des Großen an die Benediktiner von San Zeno in Verona. Im 13. Jahrhundert ließ angeblich der heilige Franz von Assisi hier ein Kloster errichten. In *San Felice del Benaco* steht die Wallfahrtskirche *Madonna del Carmine* mit zahlreichen Fresken aus der Übergangszeit von der Gotik zur Frührenaissance und der wundertätigen Madonna «Patrona della Valtenesi».

Als die Scaliger, die Stadtherren von Verona, immer stärker den Druck der Mailänder Herrscher zu spüren bekamen, errichteten sie eine Reihe stark befestigter Burgen rund um den Gardasee. Die Burg von Sirmione gehört zu den schönsten Wasserburgen aus dem späten Mittelalter.

Auch heute noch bewacht eine mächtige Festung der Scaliger den Zugang zum Hafen von Torri del Benaco. Der mauergesäumte Lungolago vor der Festung ist ein beliebter Spazierweg für Einheimische und Ausflügler.

Der profane Teil des Domplatzes von Trient: links die berühmten freskengeschmückten Fassaden der Cazuffi-Häuser, dominierend in der Mitte des Platzes die Torre Civico und rechts, vor dem Palazzo Pretorio, der barocke Neptunbrunnen (siehe Seite 58).

Ausflüge nach Brescia und Trient

Brescia ㉔. Brescia, etwa 30 Kilometer westlich des Gardasees am Ausgang der Val Trompia, hat 200 000 Einwohner und bildet neben Mailand die wichtigste Industriestadt der Region Lombardei. Das römische Brixia, das sich vom keltischen «bric» (Anhöhe) ableitet, wurde 49 v. Chr. Municipium. Von 1426 bis 1797 gehörte Brescia zur Republik Venedig. Regen Anteil nahm Brescia im vorigen Jahrhundert an der italienischen Einigungsbewegung, dem Risorgimento, und zahlte dafür einen hohen Blutzoll. Als Industriezentrum war Brescia im Zweiten Weltkrieg Ziel schwerer Bombenangriffe.

Die sehr sehenswerte Altstadt besitzt zwei benachbarte zentrale Plätze, die *Piazza del Duomo* und die *Piazza della Loggia*. Der Domplatz bildete im Mittelalter das kommunale und sakrale Zentrum und wird beherrscht vom romanischen Rundbau des *Duomo Vecchio*, an den der spätgotische *Duomo Nuovo* anschließt, dessen Kuppel mit 82 Meter zur dritthöchsten Italiens zählt. Der *Broletto*, das einstige Rathaus der freien Kommune, stammt aus dem 12. Jahrhundert, allerdings wurde über mehrere Jahrhunderte an ihm gebaut. Sein Wahrzeichen ist die zinnenbekrönte *Torre del Pegol*, auch *Torre del Popolo* (Turm des Volkes) genannt, die eine *Türmerstube* aus dem 15. Jahrhundert besitzt. Ganz venezianisch mutet die nahe *Piazza della Loggia* an, dem die *Loggia* der *Palazzo Nuovo del Comune* den Namen gibt. Der elegante Bau wurde 1492 begonnen, in der Folgezeit arbeiteten die besten Architekten wie Andrea Palladio und Jacopo Sansovino mit. Das Ensemble wird verstärkt durch die Renaissance-Arkaden des *Monte di Pietà* (Leihhaus). Die *Torre dell'Orologio* mit astronomischer Uhr und zwei Bronzefiguren ist klar dem Vorbild auf dem Markusplatz in Venedig nachempfunden. Klobig und nüchtern zeigt sich die *Piazza della Vittoria*, vollständig nach den Plänen des faschistischen Stararchitekten Piacentini errichtet. Die *Civica Biblioteca Queriniana* besitzt neben Inkunabeln auch Handschriften von Dante und Petrarca. In der *Pinacoteca Tosio-Martinengo* sind alle großen Meister der venezianischen Renaissance vertreten. Das römische Brixia kann man im *Tempio Capitolino* (Kapitolinischen Tempel) erleben, in dem das archäologische Museum untergebracht ist.

Trient ㉕. Als die Römer ihr Territorium immer weiter nach Norden ausdehnten, errichteten sie in der Weitung des Etschtales das Municipium Tridentum. Es muß wohl das viele Wasser der Gebirgsbäche und der Etsch gewesen sein, das die Römer dazu brachte, die Stadt nach dem Dreizack des Meeresgottes Neptun zu benennen. Von den prächtigen Bauten aus der Römerzeit ist so gut wie nichts erhalten geblieben, da die Stadt von den durchziehenden Germanenstämmen in der Völkerwanderung dem Erdboden gleichgemacht wurde. Von 1545 bis 1503 fand in Trient das Konzil statt, das die Gegenreformation einleitete. Im vorigen Jahrhundert arg heruntergekommen, erlebte Trient nach seinem Anschluß an Italien ab 1918 einen neuen Aufschwung. Herz der Stadt ist der *Domplatz* mit der prächtigen Nordfassade des *Doms*, dem zinnengeschmückten *Palazzo Pretorio* und der *Torre Civica*. An der Umgehungsstraße der Altstadt steht das *Castello del Buonconsiglio*. Unbedingt sehenswert sind die herrlichen Fresken im *Adlerturm*, Meisterwerke der höfischen Gotik um 1400, welche die Monate des Jahres mit Freude am realistischen Detail darstellen: im Vordergrund den Zeitvertreib des Adels und dahinter die Arbeit der Bauern.

Verona bei Nacht. Im Vordergrund die gotische Kirche Sant'Anastasia.

Nächste Doppelseite: Rund zweiundzwanzigtausend Zuschauer faßt die berühmte Arena von Verona – hier bei einer Opernaufführung.

Die Arena in Verona, ein römisches Amphitheater, wurde vermutlich in der zweiten Hälfte des 1. Jahrhunderts n. Chr. unter der Herrschaft der flavischen Kaiser erbaut. Ursprünglich fanden im Amphitheater Gladiatorenkämpfe und Tierhatzen statt. Die berühmten Opernfestspiele werden erst seit 1913 in der Arena aufgeführt. Bühnenszene aus Puccinis Oper «Turandot».

Der heutige Zustand der Arena ist der venezianischen Regierung zu verdanken, die im Jahr 1569 nach beinahe dreihundert Jahren kontinuierlichen Verfalls und Abbruchs die römischen Stufen der Zuschauertribüne erneuerte. Hier die Inszenierung einer modernen Oper: «Zorba il Greco» von Mikis Theodorakis.

Nächste Doppelseite: Symbol der Macht und Angst: Die Ponte Scaligero in Verona diente ausschließlich der Herrscherfamilie der Scaliger als Fluchtweg aus dem Castelvecchio.

Eine Opernaufführung im antiken Amphitheater ist ein unvergeßliches Erlebnis. Opernliebhaber aus aller Welt zieht die Arena magnetisch an – musikalische Weltklasse wird nicht immer geboten, aber eine ganz besondere Atmosphäre.

«RECHTS UNTEN LAHMEN DIE BLÄSER»

Die Arena in Verona im Spiegel der Opernkritik

«Die hinter der Arena wartenden Rösser spielten nicht, wie von Ihnen erwähnt, mit, sondern die wurden wieder abtransportiert», schrieb ein erboster Besucher einer Münchner Zeitung auf die kurz vorher erschienene Kritik einer Aida-Aufführung in der Arena von Verona. Auch professionelle Musikkritiker haben trotz grundsätzlichen Wohlwollens immer wieder am Spektakel in dem von den Römern um 50 nach Christus erbauten, terrakottafarbenen Amphitheater etliches auszusetzen. Meist attestieren sie den Aufführungen nur durchschnittliches Niveau: «Der Chor läuft dem Dirigenten davon, links oben hetzen die Hexen, rechts unten lahmen die Bläser ...» (zu Macbeth, 1982). «Aber die Pferde waren eine echte Schau, auch wenn eines von ihnen, im Triumphakt, unbotmäßig Verbotenes fallen ließ» (zu Aida, 1984). «Nur Maazels Armschwünge signalisieren, daß die Musik bereits spielt» (zu Verdis Requiem, 1990). «Nicht wenige mögen das Ausbleiben des Regens bedauert haben. Dreieinhalb Stunden szenische Düsternis und musikalischer Alltag ...» (zu Rigoletto, 1991). «Verona, ein Puccini-Disneyland» (zu La Bohème, 1992).

Die römische Arena, 152 Meter lang und 123 Meter breit, mit einem «ala» (Flügel) genannten, dreißig Meter hohen Mauersegment, ist also offenbar nicht gerade der Ort, der die Herzen hochmusikalischer Opernfans höher schlagen läßt. Die Mauern des steinernen Riesen schlucken viel zu viel Unter- und Obertöne, leise Partien sind kaum zu hören, manch zarter Ton muß ins Publikum gebellt werden, um überhaupt anzukommen. Hinzu kommt die Dauergefahr von oben: der Regen. Niemand kann vorhersagen, ob eine Aufführung platzt oder nicht. Zuweilen narrt Petrus das Publikum mit ganz hinterfotzigen Wasserspielen. Erst Sturzflut, dann, wenn alles dem Ausgang zuströmt, plötzlicher Übergang in feinen, gerade noch erträglichen Nieselregen. Und wenn dann alle wieder gemütlich fröstelnd dahocken, werden die Schleusen erneut geöffnet. Zwar sorgen solche himmlischen Überraschungen dafür, daß die Hersteller und Verkäufer sogenannter «impermeabili» (Plastikregenmäntel mit hohen, spitzen Kapuzen, die schön knautschen und quietschen) ihr Auskommen haben, dennoch wurde wohl schon manches Jackett von Armani und so manche teuer bezahlte Frisur in der Arena zunichte geregnet, gedrückt, gesungen.

Und doch, und doch strömen jeden Sommer mehr als eine halbe Million Festspielbesucher nach Verona. Die meisten in Bussen, die noch spät in der Nacht zurückfahren, was auch nötig ist, denn die Hotelbetten in Verona und sogar am nahegelegenen Gardasee würden für alle niemals ausreichen. Nach den Besucherzahlen ist Verona nach Salzburg der beliebteste Festspielort. Die heiße Liebe vor allem der Deutschen und Österreicher, aber auch der Italiener selbst zum Spektakel in der Arena muß also andere Gründe haben. Ist es vielleicht der köstliche Schauer, an einem Ort zu sitzen und «panini» zu mampfen, an dem einst blutige Tier- und Gladiatorenkämpfe stattfanden, an dem aus Afrika importierte Raubtiere Menschen zerrissen, an dem Hinrichtungen ebenso zur Volksbelustigung beitrugen wie Gottesurteile, Ritterturniere und Schaukämpfe mit Stieren und Bluthunden? Zwar hat der Tourismus die temperamentvolle «italianità» zurückgedrängt. Die muntere Mischung aus Familienfest, Fußballmatch und Sangesfreude der einheimischen Besucher macht sich aber noch Luft, trotz der gestylten, ewig «scusi» murmelnden, ach so italienisch sich gebärdenden Schickeria aus Hamburg, Düsseldorf und München. Und das ist es denn auch wohl, was die Faszination der Riesenschüssel in Verona ausmacht: Ein bißchen Blutgeruch und heiße Liebe, romantischer Mondschein und Nilpalmen, Tod und Verklärung.

Rita Baedeker

Große Oper: die «Aida» in der Arena (oben und Mitte). – Die feinen Ränge im Platzregen (unten). – Lange Warteschlangen, schon Stunden vor Beginn (ganz unten).

Bronzereliefs auf dem Türflügel von San Zeno Maggiore in Verona. Die Reliefplatten zeigen Szenen aus dem Alten und Neuen Testament und aus dem Leben des heiligen Zeno.

Reiseführer Verona

Rita Baedeker

Inhalt

Allgemeine Informationen

Topographie. Verona liegt in der italienischen Region Venetien (Veneto) beiderseits der Etsch (Adige) und zählt rund 270 000 Einwohner. Die Stadt wird von Reisenden aus dem Norden oft als die erste wirklich «italienische» Stadt empfunden. Sie schmiegt sich in die Windungen der Etsch und strahlt mit ihren venezianischen Loggien und Palästen, ihrem Amphitheater und dem schachbrettartigen Straßensystem antike Strenge aus, die vom allgegenwärtigen roten Marmor und dem prallen Straßenleben gemildert wird. Verona ist in seiner Größe noch überschaubar, eher rustikal denn elegant, und Kulturstadt bis in den letzten Dachziegel.

Klimatische Bedingungen. Das Klima in Verona ist – wie in der gesamten Gardasee-Region – gemäßigt und sehr mild. Weder grimmiger Frost aus den Alpen noch die brütende Hitze der Poebene sind typisch für die Stadt am Fluß, die von fruchtbaren Obst- und Weingärten umgeben ist. Der Frühling beginnt aufgrund der günstigen Bedingungen sehr früh; bis Mitte November sind die Temperaturen hier angenehm warm. Frühjahr und Herbst sind daher ideale Reisezeiten.

Landwirtschaft, Handel, Wissenschaft. Die Stadt Verona lebt vor allem vom Handel mit Agrarprodukten sowie von der hier angesiedelten Papier- und Holzindustrie. Verona besitzt riesige Obst- und Weingärten. Vor allem Pfirsiche, Äpfel, aber auch Oliven werden hier exportiert. In der Lessinia, den Lessinischen Bergen (*siehe Seite 154*), gibt es eine umfangreiche Viehwirtschaft und viele Käsereien. Daneben sind die wichtigsten Ausfuhrgüter Schuhe, Wein, Marmor, Textilien und Feinpapier zu graphischen Zwecken.

Veronas Warenumschlagszentrum und die Zollstation gehören zu den größten Einrichtungen dieser Art in Italien. Der Obst- und Gemüsegroßmarkt mit weit über hundert Firmen und besonders das Messegelände mit dem Agrocenter machen Verona zu einer wirtschaftlich modernen Stadt.

Ein Plausch auf der Piazza Brà vor der Arena, einem der belebtesten Plätze Veronas.

Die Provinz Venetien hat ein Gesamthandelsvolumen mit dem Ausland von fast 6000 Milliarden Lire; es existiert ein leichter Importüberschuß (Autos und Rohstoffe). Die Stadt Verona produziert ganze dreißig Prozent der italienischen Vogelzucht, zehn Prozent der Süßwaren; die Stadt liegt beim Marmorexport an zweiter Stelle und nimmt in der italienischen Schuhproduktion den dritten Platz ein.

Im Süden Veronas erstreckt sich das gigantische neue Industrie- und Handelszentrum mit über 800 Firmen auf einer Fläche, die zweimal so groß ist wie die der Innenstadt.

Als Wirtschaftsregion gehört die Provinz Venetien mit der Stadt Verona schließlich auch zu denjenigen italienischen Provinzen, deren Pro-Kopf-Einkommen innerhalb der letzten zehn Jahre am deutlichsten angestiegen ist.

Verona besitzt außerdem auch eine Universität mit den Fakultäten Volks- und Betriebswirtschaft sowie Medizin.

Unterwegs in Verona

Verkehrsmittel. Verona ist ein wichtiger Verkehrsknotenpunkt: Die Stadt liegt an der vom Brenner kommenden Autobahn, sie besitzt einen Flughafen (*Aeroporto Valerio Catullo di Villafranca*) für kleinen Passagier- und Güterverkehr. Linienflüge nach Verona gibt es von Düsseldorf, Frankfurt und München aus, Charterflüge auch von anderen Städten. Die Bahnanbindung ist ebenfalls vorzüglich. Alle Züge, die vom Brenner kommen, fahren Verona direkt an. Seit kurzem verkehrt von München aus der «Garda-Zug» über Innsbruck, Trient, Verona, Desenzano und Brescia nach Mailand.

Fahrkarten für Linienbusse im Innenstadtverkehr und im Nahverkehr erhält man in Kiosken oder Geschäften am Busbahnhof, aber nicht beim Chauffeur.

Feste und Veranstaltungen. Die ersten *Opernfestspiele* in der Arena von Verona fanden am 10. August 1913 anläßlich des hundertsten Geburtstages von Giuseppe Verdi mit einer Aufführung der «Aida» statt (*siehe Seite 137*).

Heute gehört die «Arena di Verona» zu den berühmtesten Opernfestspielen der Welt. Sie beginnen Ende Juli und dauern etwa bis Anfang September. Wer Karten bekommen möchte, sollte viele Monate im voraus bestellen oder gute Beziehungen haben. Der mafios betriebene «Kartenschwarzmarkt» ist den Behörden schon lange ein Dorn im Auge.

Wer im Sommer keinen Platz und kein freies Bett für die Opernfestspiele ergattert, sollte nicht traurig sein und statt dessen den kleinen *Veroneser Karneval* miterleben: Die Karnevalstradition in Verona geht etwa auf das Jahr 1530 zurück. Im Gegensatz zum Karneval Venedigs mit seinen kunstvollen Masken sieht man in Verona viele Kostüme mit historischem Bezug oder Kostüme phantastischer allegorischer Gestalten, wie zum Beispiel «Duca de la Pignata» oder «Principe Reboano» oder «Re Saltucchio». König des Veroneser Karnevals aber ist der feiste und freche «Papà del Gnocco», der am Freitag vor Fastnacht Unmengen leckerer «gnocchi», kleiner Kartoffelknödel, an das Volk verteilt und dann im Rathaus von Verona die Regierung übernimmt. Verona ist die einzige italienische Stadt mit einem solchen «Knödelbrauch». Zum echten Veroneser Karneval gehören auch eine historische Kahnfahrt auf der Etsch und das Fest von Veronetta, der Altstadt auf der anderen Flußseite, mit Maskenball auf den Plätzen und dem Tanz um Dantes Denkmal.

Dienstags bis freitags finden in verschiedenen Stadtteilen Veronas *Märkte* statt. An jedem dritten Samstag eines Monats wird der regional berühmte «Mercato 3A» (artigiananto, arte, antiquario) auf der Piazza San Zeno abgehalten.

Sehenswürdigkeiten von A bis Z

Ziffern im Kreis verweisen auf den Stadtplan auf Seite 143.

Arena ①. Das um 50 n. Chr. errichtete römische Amphitheater auf der Piazza Brà ist nach dem Kolosseum in Rom das zweitgrößte Amphitheater Italiens. Erdbeben im Jahr 1183 und 1221 zerstörten den größten Teil der dreistöckigen

Karneval auf der Piazza dei Signori. Höhepunkt des Veroneser Karnevals ist der Umzug mit Re Gnocco durch die Stadt nach San Zeno, wo der «Knödelkönig» Honoratioren empfängt.

Die sogenannte Ala, der Flügel, ist der Rest des äußeren Mauergürtels des römischen Amphitheaters. Was das verheerende Erdbeben von 1117 nicht zerstörte, zerstörten die Veroneser lange Zeit selbst, indem sie die Ruine als Steinbruch benutzten.

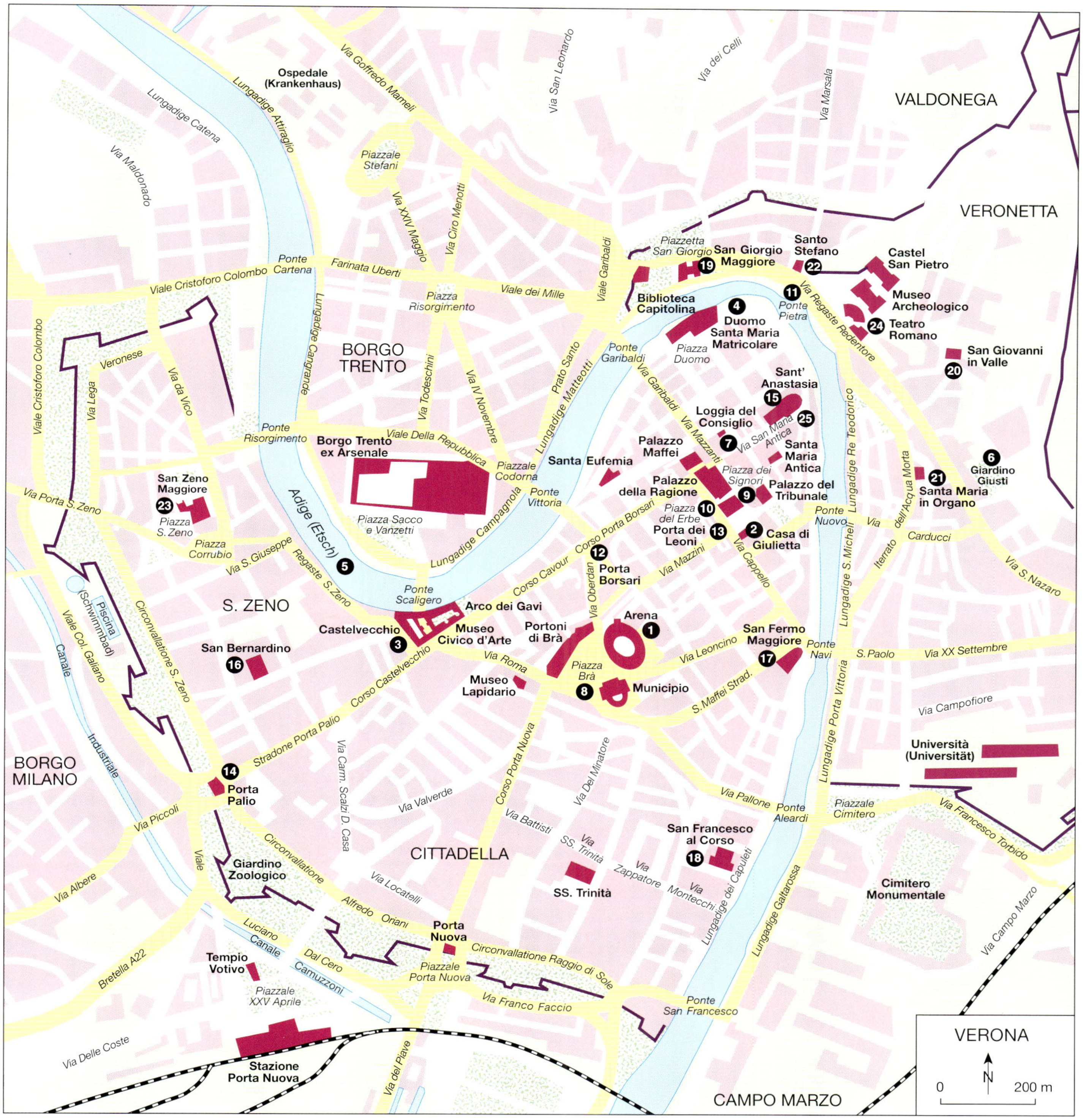

Außenmauer mit den Arkaden. Übriggeblieben ist ein Segment von vier Bögen, das in Verona *ala*, also Flügel, genannt wird. Der erhaltene zweistöckige innere Ring mit 72 Bögen blieb erhalten, die römischen Steinstufen im Innern wurden von den Venezianern im 16. Jahrhundert erneuert.

Die Arena war ursprünglich Schauplatz für Gladiatorenkämpfe und Tierhatzen. Im Mittelalter veranstaltete man hier Turniere, «Gottesurteile» und Hinrichtungen, seit dem 19. Jahrhundert finden dort öffentliche Konzerte statt.

Seit 1913 ist die Arena Stätte der Opernfestspiele (*siehe Seite 137*). Mit ihren gewaltigen Abmessungen, ist sie ein beeindruckender steinerner Koloß, der zwar nicht die beste Akustik, aber dafür eine archaische Atmosphäre bietet.

Casa dei Giudici *siehe* **Piazza delle Erbe**

Case dei Mazzanti *siehe* **Piazza delle Erbe**

Casa di Giulietta ②. Nicht weit vom früheren Regierungsviertel Veronas findet man die vermeintlichen Elternhäuser der durch Shakespeare unsterblich gewordenen Liebenden Romeo und Julia (*siehe auch Seite 125*). In der Via Arche Scaligere, gleich bei den Gräbern, soll unter der Hausnummer 2 bis 4 Romeos Zuhause gewesen sein. In der Via Cappello soll Julias Elternhaus stehen, die Casa di Giulietta, die das ganze Jahr über Pilgerziel von Pärchen aus aller Welt ist. Der Palazzo aus dem 13. Jahrhundert dient heute als Ausstellungsgebäude; der zierliche Balkon, auf dem die literarische Julia auf Romeo gewartet hat, ist angeblich erst im 20. Jahrhundert entstanden. Die Bronzestatue der Julia vor dem Palazzo schuf der Künstler Nereo Costantini im 19. Jahrhundert.

Castelvecchio ③. Neben dem legendären Palast des Ostgotenkönigs Theoderich auf dem Hügel San Pietro, der weitgehend zerstört ist, gibt es in Verona ein Kastell an der Etsch: das Castelvecchio, die «Trutzburg» der Scaliger. Von der Piazza Brà führt die Via Roma direkt dorthin. Der Scaligerfürst Cangrande II. (der «großartige Hund») hatte im Jahr 1354 mit dem Bau des Palastes begonnen, als er sich im Zentrum der Stadt nicht mehr sicher fühlte.

In die Burg mit ihren vierkantigen Türmen und ghibellinischen Zinnen wurde ein Teil der Stadtmauer bis zum Fluß einbezogen. Der innere Burgbezirk ist in drei Höfe unterteilt.

Der Komplex beherbergt heute das *Museo Civico d'Arte*. Es zeigt unter anderem romanische Skulpturen, langobardisches Kunsthandwerk sowie eine einzigartige Gemäldesammlung. Im Mittelpunkt der Sammlung steht die Original-Reiterstatue des Cangrande II. Zum Castelvecchio gehört auch eine 120 Meter lange Wehrbrücke über die Etsch, der *Ponte Scaligero*. Der Scaligerfürst Cangrande ließ diese Brücke als Flucht- und Nachschubweg errichten. Weiße Streifen schmücken die Bögen und Pfeiler aus rotem Ziegelstein.

Dante-Denkmal *siehe* **Piazza dei Signori**

Dom Santa Maria Matricolare ④. Die wahrscheinlich älteste christliche Kirche Veronas entstand auf den Ruinen einer römischen Thermenanlage zu Beginn des 5. Jahrhunderts. Im 8. Jahrhundert errichtete man dort eine karolingische Domkirche, die im 12. Jahrhundert einem Erdbeben zum Opfer fiel. Von 1139 bis 1184 wurden der heutige Bau mit Taufkirche, Kreuzgang und Bischofspalast, zusätzlich eine Kirche für das Domkapitel und ein Raum für die Kapitularbibliothek mit wertvollen Handschriften angelegt. Diese Bibliothek, im 5. Jahrhundert schon erwähnt, soll die älteste der Welt sein. Heute ist sie nur noch Studenten zugänglich.

Der Dom ist teils in lombardischer Romanik erbaut, trägt aber auch typisch veronesische Merkmale (horizontale Streifen von weißen Tuff- und roten Backsteinen). Das Portal mit doppelgeschossigem Baldachin stammt vom selben Baumeister, Maestro Nicolò, der auch die Portale von San Zeno Maggiore in Verona (*siehe Seite 153*) und die des Doms von Ferrara geschaffen hat. Sehenswert ist die romanische Plastik des Portalvorbaus mit Jagdszenen, Tieren, den Propheten und vermutlich den Figuren der Paladine Karls des Großen, Roland und Olivier. Das Innere des Doms ist überwiegend gotisch ausgestattet. Über dem ersten Altar des linken Seitenschiffes befindet sich das Gemälde «Himmelfahrt Mariens» von Tizian (um 1535), in der zweiten Seitenkapelle rechts vom Eingang eine «Anbetung der Könige» von Liberale da Verona (16. Jahrhundert). Die Chorschranken stammen von dem berühmten Architekten Michele Sanmicheli aus Verona.

Links: Abseits von den Machtzentren der weltlichen Herrschaft liegt in Verona das Zentrum der Kirche – hier die Fassade des Bischöflichen Palais in der Nähe des Doms.

Rechts: Im Innenhof des Castelvecchio, dessen Fassade im Stil der venezianischen Gotik gestaltet wurde. Das Museum, das heute in der ehemaligen Scaligerfestung untergebracht ist, zeigt interessante Exponate zur Stadtgeschichte Veronas.

Unbedingt sehenswert ist auch die im frühen 12. Jahrhundert errichtete Taufkapelle San Giovanni in Fonte mit einem wundervollen romanischen Taufbrunnen.

Etsch ⑤. Die Etsch (Adige) entspringt am Reschenpaß in den Ostalpen, fließt durch den Vintschgau bis Meran, dann nach Südosten bis Bozen (Mündung des Eisack) und wendet ihren Lauf dann in Richtung Südwesten.

Unterhalb der Salurner Klause nimmt sie Noce und Avisio auf, durchfließt das Val Lagarina und bricht dann durch die Veroneser Klause mit ihren steilen Felsen zur Poebene durch, wo die Etsch weiter nach Osten fließt und, von Hochwasserdämmen gezähmt und durch Kanäle mit dem Po verbunden, südlich von Venedig in das Adriatische Meer mündet. Die Etsch ist mit 410 Kilometern der zweitlängste Fluß Italiens.

Oben: Die Cafés auf dem Listone haben sich ganz auf Gäste und Opernbesucher eingestellt, sie werden aber auch gern von den Veronesern besucht: Läßt es sich hier doch gut sehen und gesehen werden.

Rechts: Reiterstandbild des Cangrande della Scala, des berühmtesten Stadtfürsten von Verona, in der Nähe der Piazza dei Signori.

Bei Verona beschreibt sie eine große S-Schleife, die der antiken römischen Stadtsiedlung ausreichend Schutz bot. Der Fluß Etsch sorgt durch sein fruchtbares Schwemmland für reiche Obst- und Weinerträge.

Giardino Giusti ⑥. Er zählt zu den schönsten Gartenanlagen Oberitaliens. Für den Prachtgarten der florentinischen Familie Giusti, die im 15. Jahrhundert nach Verona übergesiedelt war, stand ganz deutlich die Gartenarchitektur der Toskana, die wegen ihrer Zypressen-Alleen berühmt ist, Pate. Im Giardino Giusti – der Palast ist nicht zugänglich – sollten Natur, Kunst und Geschichte eine Einheit bilden.

Loggia del Consiglio ⑦. Zeugnis von der Herrschaft Venedigs in Verona legt die «Loggia del Consiglio» ab. Sie wurde vermutlich von dem Baumeister Fra Giovanni Giocondo zwischen 1476 und 1493 errichtet und gilt als schönster Palast der venezianischen Epoche und der Veroneser Frührenaissance. Auf dem Dach sind die Statuen der bedeutendsten antiken Persönlichkeiten Veronas aufgereiht: der römische Dichter Catullus, der Literat Plinius der Ältere, der Architekt Vitruvius und der Historiker Cornelius Nepos. Von diesem Palast führt ein Mauerbogen zum berühmten *Caffè Dante*, dem ältesten Kaffeehaus in Verona, das sich in einem schönen restaurierten, um 1500 erbauten Renaissance-Palast befindet. Nur wenige Schritte von der Loggia del Consiglio entfernt wurde am 17. Oktober 1277 der Scaligerfürst Mastino I. ermordet. Eine Tafel erinnert an dieses Ereignis.

Palazzo del Governo *siehe* **Piazza dei Signori**

Palazzo del Tribunale *siehe* **Piazza dei Signori**

Palazzo della Ragione *siehe* **Piazza delle Erbe**

Palazzo Maffei *siehe* **Piazza delle Erbe**

Piazza Brà ⑧. Touristisches Zentrum Veronas und zumeist dicht bevölkert ist die Piazza Brà mit der Arena (*siehe Seite 137 und 143*). Auf dem *Listone*, dem Flanierstreifen, gibt es die Kaffeehäuser, Geschäfte und Restaurants mit den teuersten Preisen in ganz Verona. Gesäumt wird diese Promenade der Piazza Brà von Häusern und Palazzi des 16. bis 18. Jahrhunderts: Besonders schön sind der *Palazzo Guastaverza-Malfatti* von dem berühmten Architekten Michele Sanmicheli aus Verona und ein Renaissancebau mit einem Marienfresko.

Zur Zeit der Opernfestspiele in der Arena, Ende Juli bis September, ist die Piazza Brà fest in der Hand der Touristenscharen. Der Name *Brà* kommt vom langobardischen Wort «braida» und bezeichnet das zwischen den römischen und den mittelalterlichen Festungsmauern liegende Stück Land.

Gegenüber der Arena, zu Beginn des Corso Porta Nuova, der auch zum Hauptbahnhof führt, befinden sich die *Portoni della Brà*, zwei Stadttore mit achteckigem Turm aus dem 15. Jahrhundert – der Zeit der venezianischen Herrschaft. Auf der anderen Seite der Portoni della Brà liegt das *Museo Lapidario Maffeiano*, eine von Scipio Maffei gestiftete Antikensammlung. Schräg gegenüber steht das *Municipio*, ein von 1835 bis 1843 im Stil des Wiener Klassizismus errichteter Bau, damals Hauptwache der österreichischen Truppen, heute Rathaus von Verona und Treffpunkt der Festspielgäste.

Links: Auf der Piazza dei Signori. Im Hintergrund ein Renaissance-Portal aus der Zeit der venezianischen Regierung.

Rechts: Wahrzeichen der Piazza delle Erbe ist ihre Brunnenfigur, die die Veroneser liebevoll «Madonnino» nennen. Der Rumpf der Figur stammt von einer antiken Statue.

Piazza dei Signori ⑨. In den Gebäuden an der Piazza befanden sich ehemals die Regierungszentralen Veronas. Neben dem *Alten Rathaus* und mit diesem durch einen reich verzierten Mauerbogen verbunden, liegt der *Palazzo del Tribunale*. Er entstand 1530 aus einem früheren Palast des Cansignorio della Scala und wurde nach dem Untergang der Scaliger Sitz des venezianischen «Capitano», des Statthalters. Das Säulenportal des Palazzo wird dem veronesischen Baumeister Michele Sanmicheli zugeschrieben. Aus der Zeit der Scaliger stammt auch der von ghibellinischen Zinnen bekrönte *Palazzo del Governo*, der legendäre Palast des Cangrande della Scala, der die östliche Schmalseite des Platzes abschließt. Cangrande della Scala war der bedeutendste und wohl auch «aufgeklärteste» Herrscher der Diktatorenfamilie der della Scala. In diesem Palast beherbergte Cangrande die von ihm geschätzten Künstler Giotto, Altichiero und vor allem den Dichter Dante Alighieri. Das 1865 von Ugo Zannoni geschaffene *Dante-Denkmal* steht in der Mitte der langgestreckten Piazza dei Signori. 1532 baute Michele Sanmicheli den Palast des Cangrande im Stil der Hochrenaissance um. Heute residiert hier die Provinzregierung.

Piazza delle Erbe ⑩. Einst das Römische Forum, ist die Piazza delle Erbe heute das Zentrum des städtischen Lebens. Auf diesem Platz, der zur Zeit der Römer vom Kapitol, öffentlichen Gebäuden und Tempeln umgeben war, kann man die römisch-antike Stadtanlage mit der rechtwinkeligen Ausrichtung der Straßen und Häuserblöcke studieren.

Auf der Piazza delle Erbe, auf der heute ein bunter Markt abgehalten wird («erbe» heißt Kräuter), sind die Zeichen der Mächtigen Veronas versammelt: die gotische *Colonna del Mercato* aus dem 14. Jahrhundert mit Wappen und Insignien

Herkules, Jupiter, Venus, Merkur, Apoll und Minerva. Links vom Palazzo Maffei steht die *Torre del Gardello*, ein Backsteinbau, den Cansignorio della Scala erbauen ließ und der die älteste, 1370 von dem Herrscher gestiftete Stadtuhr trägt.

Rechts vom Palazzo Maffei erstreckt sich die Häuserfront der *Case dei Mazzanti*: Die gleichnamige Familie kaufte 1517 diese Häuser, im 14. Jahrhundert noch Besitz der della Scala. Alberto Cavalli stattete sie im 16. Jahrhundert mit Fresken mythologischen Inhalts aus. Nur durch einen Durchgang von diesen Häusern getrennt, steht die *Casa dei Giudici*: Dieses Gebäude war der Wohnsitz des venezianischen Richters und erhielt 1731 sein heutiges Aussehen. Von hier führt ein Mauerbogen, dem eine Walfischrippe den Namen gegeben hat (*Arco della Costa*), zum *Palazzo della Ragione* (oder auch *Palazzo del Comune*), dem alten, 1194 vollendeten Rathaus.

Links: Gleich hinter der Piazza dei Signori gibt es viele romantische Winkel zu entdecken, in denen sich oft gemütliche Lokale befinden.

Rechts: Von der Torre dei Lamberti aus genießt man einen wundervollen Blick auf die Altstadt Veronas und die «Torreselle», die Hügel, die die Stadt umgeben.

der Familie der Mailänder Visconti. In der Mitte des langgezogenen Platzes erhebt sich der *Capitello* aus der zweiten Hälfte des 15. Jahrhunderts, ein Podest, von einem marmornen Baldachin überdacht, unter dem die Vertreter des «Großen Rates» der Stadtrepublik dem Volk Entscheidungen verkündeten. Hier wurden unter anderem dem Podestà der Stadt die Schlüssel zum Rathaus übergeben. Von hier aus überwachte man außerdem das Markttreiben. In den Boden unter dem Marmorbaldachin hatte man die verbindlichen Handelsmaße eingeritzt. Nicht weit vom Capitello steht ein Brunnen von 1368, den eine römische Statue krönt, im Volksmund heißt sie *Madonna Verona*. An die Herrschaft Venedigs erinnert die *Marmorsäule* mit dem geflügelten Löwen. Sie steht genau vor dem schönsten Barock-Palazzo der Stadt, dem *Palazzo Maffei*. 1668 wurde dieses Adelshaus erbaut. Auf einem Erker des Dachgeschosses stehen die antiken Götter

Besonders sehenswert sind der Innenhof mit den Arkadengängen, in denen zur Zeit der Herrschaft Venedigs Markt abgehalten wurde, und die prachtvolle Freitreppe, die *Scala della Ragione* (Treppe der Vernunft), von 1447 im Stil der Frührenaissance. Diese Treppe führte einst zu den Gerichtssälen. Den Palazzo della Ragione überragt die 83 Meter hohe *Torre dei Lamberti*, der Lamberti-Turm.

Ponte Pietra ⑪. Sehenswert ist von den Brücken Veronas noch der von den Römern gebaute Ponte Pietra nahe dem Dom, von Alberto della Scala 1298 instandgesetzt, im Zweiten Weltkrieg von den Deutschen zerstört, aber unter Verwendung der aus der Etsch geborgenen Originalteile wieder aufgebaut. Von dem Ponte Pietra aus hat man eine wundervolle Aussicht auf den Hügel von *San Pietro*, dem legendären Kastell des Ostgotenkönigs Theoderich.

SEHNSUCHT NACH DEM SÜDEN

Reisebilder aus Verona

Die alte Stadt zu beiden Seiten der Etsch war für den Italienreisenden schon immer die erste große Station jenseits der Alpen. Veronas südlich-heiteres Flair wirkt auf jeden Besucher bezaubernd und erfüllt die «Italiensehnsucht» bis heute.

AUSSICHT AUF VERONA

Verona hat eine angenehme Lage; insonderheit genießt man von dem mit Gärten besetzten Berge eine herrliche Aussicht über die Stadt selbst und über die umliegende Gegend. Die Nachbarschaft des Gebirges macht die Luft rein und sehr gesund. Der Ort an sich selbst fällt nicht schön in die Augen, weil er sehr alt ist, und daher meistens sehr enge und krumme Gassen hat. Er nimmt sich daher von der Anhöhe besser aus, als man ihn in der That findet. Die meisten Häuser haben kein sonderliches Ansehen, jedoch giebt es hin und wieder auch gute Kirchen und wohl gebauete Palläste. Einige Gassen sind breit, und die meisten haben auf den Seiten, wie Bologna, bedeckte Gänge für die Fußgänger. Verona ist auch mit ansehnlichen Plätzen versehen. Von dem Platze Bra, wo das Amphitheater liegt, führt eine schöne breite Gasse nach dem Mantuaner Thore. Der Corso, wo im May das Pferderennen gehalten wird, ist nicht weniger eine gute Gasse. Die Piazza delle Erbe, und ein anderer, welcher mit der Statüe der Stadt Verona geziert ist, sind gleichfalls artige Plätze.

D. J. J. Volkmann, aus: «Historisch-Kritische Nachrichten von Italien . . .» (1778).

Verona, vom Giardino Giusti aus gesehen (Gemälde von A. Emil, 1862).

GLÜCKLICHES VERONA

Verona erscheint von der Anhöhe gesehen als eine ganz alte Stadt, und Jemand, der sie allein von hier aus betrachtete, würde sie für jedes Schmuckes untheilhaft halten. Auch die Thürme, von denen sonst solche Aussichten geziert und gehoben werden, tragen nichts bey, um diesen allgemeinen Eindruck zu schwächen, und im Innern der Stadt entsprechen ihm mehre Theile. Vom Ponte della Pietra gesehen, hängen die an dem Fluß und die Anhöhen neben ihm gebauten Häuser regellos, alt und schmutzig nach demselben herab. Nicht weniger deuten alte, fast verödete Straßen in den fernen Theilen der Stadt, und die Trümmer der römischen Gebäude, welche, wie der noch aufrechtstehende Triumphbogen, in die Straßen, oder, wie die Arena, in die Plätze hineingetreten, oder gar dem Krämer für sein Gewerbe dienen, und nun Besitz des Seifensieders sind, darauf hin, Verona als den Zeugen eines verkommenen Alterthums zu betrachten, aus dem am frühesten die Römer, dann der Ostgothenkönig Theoderich, dann die Langobarden und Franken Zeugen ihres Daseyns zurückgelassen haben. An diese reiht sich, was aus den Tagen der Guelphen und Gibellinen übrig geblieben. Der Theil einer mit Zinnen versehenen Ringmauer, welcher sich über die Anhöhen hinzieht, um dieselbe mit ihren Krümmungen und Gärten der Stadt anzuschließen, und was an Brücken, Pallästen, Kirchen und Grabmälern die Scaligeri und ihre Zeitgenossen gebaut haben. [. . .] Hierauf hat auch die neueste Zeit versucht, eine ganze Straße mit Marmorplatten gepflastert und dem Fuhrwerke verschlossen, und auf den großen Platz La Bra den vom Amphitheater nicht eingenommenen Raum auf ähnliche Weise für die große Welt belegt, welche hier an heiteren Abenden im bunten Gewühl, wie auf der Piazza delle Erbe am

Morgen die Menge Gewerbtreibender und die Küche Versorgender, mit lautem Getümmel durch einander wogt.
Reiseberichte von Friedrich Thiersch, Ludwig Schorn, Eduard Gerhardt, Leo von Klenze, aus: «Reisen in Italien seit 1822» (1826).

DIE URALTE STADT

Die bunte Gewalt der neuen Erscheinungen bewegt mich in Trient nur dämmernd und ahnungsvoll, wie Märchenschauer; in Verona aber erfaßte sie mich wie ein mächtiger Fiebertraum voll heißer Farben, scharfbestimmter Formen, gespenstischer Trompetenklänge und fernen Waffengeräusches. Da war manch verwitterter Palast, der mich so stier ansah, als wollte er mir ein altes Geheimnis anvertrauen, und er scheuete sich nur vor dem Gewühl der zudringlichen Tagesmenschen, und bäte mich, zur Nachtzeit wiederzukommen. Jedoch trotz dem Gelärm des Volkes und trotz der wilden Sonne, die ihr rotes Licht hineingoß, hat doch hie und da ein alter dunkler Turm mir ein bedeutendes Wort zugeworfen, hie und da vernahm ich das Geflüster zerbrochener Bildsäulen.
Verona, die uralte, weltberühmte Stadt, gelegen auf beiden Seiten der Etsch, war immer gleichsam die erste Station für die germanischen Wandervölker, die ihre kaltnordischen Wälder verließen und die über die Alpen stiegen, um sich im güldenen Sonnenschein des lieblichen Italiens zu erlustigen.
Ich blieb nur einen Tag in Verona, in beständiger Verwunderung ob des nie Gesehenen, anstarrend jetzt die Vielzahl der altertümlichen Gebäude, dann die Menschen, die in geheimnisvoller Hast dazwischen wimmelten, und endlich wieder den gottblauen Himmel, der das seltsame Ganze wie ein kostbarer Rahmen umschloß, und dadurch gleichsam zu einem prächtigen Gemälde erhob.
Heinrich Heines Eindrücke von Verona, aus: «Reise von München nach Genua» (1828).

Adolph von Menzel (1815–1905) malte 1884 das bunte Markttreiben auf der Piazza delle Erbe.

REICHE ARCHITEKTUR IN REIZENDER LANDSCHAFT

Freundliches Verona! Mit seinen schönen, alten Palästen und der reizenden Landschaft in der Ferne, die man von den Terrassengärten und prunkhaften Gallerien herab erblickt. Mit seinen römischen Thoren, immer noch die schöne Straße überwölbend und auf das Sonnenlicht von heute den Schatten von vor fünfzehnhundert Jahren werfend. Mit seinen vielen marmornen Kirchenbauten, hochragenden Thürmen, seiner reichen Architektur und seinen wunderlich aussehenden alten, ruhigen Straßen, wo einst die Kampfesrufe der Familien Montecchi und Capuletti erschallten und [...] mit seinem schnell dahinfließenden Flusse, seiner malerischen Brücke, seinem großen Schlosse, seinen dunklen Cypressen und der so schönen, erquickenden Aussicht. Freundliches Verona!
Der Engländer Charles Dickens über Verona, aus: «Italienische Reisebilder, erster Teil» (1846).

DAS FLORENZ VON OBERITALIEN

Verona gehört zu den italienischen Städten, die mit der Fülle einer alten und individuellen Kunst den Reiz großer landschaftlicher Schönheit vereinen. Man hat es nicht mit Unrecht das «Florenz von Oberitalien» genannt; denn in Wirklichkeit besteht zwischen den beiden Städten eine auffallende Ähnlichkeit, nur dürfte Verona noch um ein Geringeres malerischer gelegen sein. Von der reißenden Etsch, die den größten Theil des Jahres mit genügender Wasserfülle mächtig dahinrauscht, wird die Stadt in unregelmäßigen halbschleifenähnlichen Bogen durchzogen, die überall dem Auge des Beschauers stets neue malerische Prospekte gewähren. Trotzig ragen auf dem linken Ufer die von Kastellen überkrönten Hügel von S. Pietro und S. Felice auf; hinter ihnen öffnet sich die Alpenlandschaft. An der Colle di San Pietro liegt der schöne Giardino Giusti, der zwar einem Vergleich mit dem prächtigeren Boboligarten in Florenz nicht standhalten kann, aber doch mit seiner wundervollen Pinienallee, die sich den Berg hinaufzieht, einer der schönsten italienischen Gärten ist.
Georg Biermann, «Verona» (1904).

Die Westfassade der Kirche San Zeno Maggiore mit ihrer Portalanlage, flankiert von Relieftafeln, und der ausdrucksstarken Fenster-Rosette. Im weichen Licht der Abendsonne schimmert der Veroneser Marmor rötlich.

Porta Borsari ⑫. Geht man von der Piazza Brà durch die Via Oberdan in Richtung Etsch, dann erreicht man das zweite erhaltene römische Stadttor: die Porta Borsari. Sie wurde 265 n. Chr. unter Kaiser Gallienus erbaut und liegt am Ende der Decumanus genannten Römerstraße, des heutigen Corso Cavour. Erhalten sind von dem Stadttor die beiden Durchgänge, die Giebelfelder und Säulen, die von Rundbögen überhöht werden. Die Porta Borsari ist nach dem Amphitheater das am besten erhaltene römische Monument Veronas.

Porta dei Leoni ⑬. An der Kreuzung der Via Cappello und der Piazza delle Erbe befindet sich die Ruine des einstigen römischen Stadttores Porta dei Leoni (Löwentor). An dieser Stelle erreichte die antike Via Claudia Augusta (heute Via San Fermo) die römische Stadtmauer und führte durch das «Löwentor» in die Stadt hinein. Ein Bogen dieses einstigen Prachttores wurde in die Fassade eines Hauses gemauert.

Porta Palio ⑭. Außerhalb des Stadtzentrums, nicht weit von der Kirche San Zeno Maggiore, befindet sich das berühmte Stadttor des Baumeisters Michele Sanmicheli: die Porta Palio. Das Tor wurde von 1542 bis 1557 als Teil der venezianischen Bastion errichtet. Die Porta Palio öffnet sich zur Stadt mit fünf riesigen Bögen. Portikus, dorische Halbsäulen, Gebälk und ein umlaufender Maskenfries machen es zu einem Prunkbau. Der Name «palio» rührt von dem volkstümlichen Wettlauf her, der hier in früheren Zeiten stattgefunden hat und von dem auch Dante Alighieri in seiner «Göttlichen Komödie» im «XV. Gesang der Hölle» erzählt.

Nach allen Regeln der südländischen Gartenbaukunst ist der Giardino Giusti aufgebaut. Die Naturkulisse wurde unter der formenden Hand des Menschen zu einem phantastisch wirkenden Gesamtkunstwerk umgestaltet.

Sant'Anastasia ⑮. Nur wenige Minuten vom Dom entfernt, auf der gleichen Flußseite, steht die 1290 von den Dominikanern errichtete Basilika Sant'Anastasia. Der Backsteinbau mit dem Campanile gilt als bedeutendster gotischer Bau Veronas. Kostbarstes Kunstwerk ist das Fresko «Sankt Georgs Aufbruch zum Kampf», das um 1435 von Antonio Pisanello im höfisch-ritterlichen Stil gemalt wurde (*siehe Seite 63*). Seit der Restaurierung befindet es sich in der Sakristei. Eine Kuriosität sind außerdem die in vielen Prospekten auftauchenden *due gobbi*, zwei vollplastisch ausgearbeitete Zwerge, 1500 und 1591 entstanden, die auf ihren Buckeln je ein Weihwasserbecken tragen. Die drolligen Figuren werden Gabriele Cagliari, dem Vater des Malers Veronese, zugeschrieben.

San Bernardino ⑯. Die Basilika wurde von 1452 bis 1466 zu Ehren des heiligen Bernhard von Siena erbaut, der öfter in Verona gepredigt hat. Man betritt die Kirche durch einen arkadengesäumten Vorhof. Auf der rechten Seite befindet sich die *Kapelle der Familie Avanzi*, deren Wandtäfelung eine kleine kostbare Pinakothek Veroneser Renaissancemaler enthält, wie die «Auferweckung des Lazarus» von Antonio Badile. Die meisten Bilder sind aber Kopien, die Originale brachte man ins Museum des Castelvecchio (*siehe Seite 144*).

San Fermo Maggiore ⑰. Eine der ungewöhnlichsten Kirchen in Verona ist das am Ponte Navi gelegene Gotteshaus San Fermo Maggiore. Es besteht aus zwei Kirchen, einer romanischen Unterkirche aus dem 11. Jahrhundert und einer

Auf dem Hügel von Castel San Pietro soll die Burg des Ostgotenkönigs Theoderich gestanden haben. Auf dem Teilstück der Etsch unterhalb des Hügels wurden zu Römerzeiten Wasserschauspiele und Seeschlachten inszeniert.

Im Kreuzgang von San Bernardino unweit von San Zeno. Das schmucklose Äußere des Backsteinbaus ist ein typisches Beispiel für die Predigerkirchen des Franziskanerordens. Im Inneren ist der Bau jedoch prachtvoll ausgestattet.

gotischen Oberkirche aus dem 13./14. Jahrhundert. Die «Doppelstöckigkeit» des Gebäudes entstand, weil die erste, untere Kirche oft überschwemmt wurde und abrutschte, so daß ein Neubau notwendig war. Bei San Fermo Maggiore mischen sich daher viele Bauformen der Romanik und frühen Gotik. Antonio Pisanello malte für die Kirche das Fresko «Verkündigung an Maria», das älteste erhaltene, im gotischen Stil gemalte Werk des Künstlers. Während die Oberkirche mit Fresken, Plastiken und Grabmälern reich geschmückt ist, vermittelt die Unterkirche mit ihren mächtigen Säulen den Eindruck von Weltabgeschiedenheit.

San Francesco al Corso ⑱. Dem Reich der Legende zuzuordnen ist die *Tomba di Giulietta*, Julias Grabmal, im Kloster San Francesco al Corso. Der Überlieferung nach soll hier die

heimliche Trauung von Romeo und Julia (*siehe Seite 125*) stattgefunden haben, soll Julia hier, erst zum Schein und dann wirklich, mit ihrem Geliebten gestorben sein. Ein Sarkophag aus Stein mit Blumengebinden gilt für romantische Seelen als Grab von Romeo und Julia. Wesentlich interessanter ist das kleine *Freskenmuseum* des Klosters, denn es enthält die ältesten Wandmalereien Veronas und die komplette Ladung eines in der Etsch gesunkenen römischen Schiffes.

San Giorgio Maggiore (San Giorgio in Braida) ⑲. Ein Stück weiter etschaufwärts, dem Dom gegenüberliegend, entdeckt man eine Kirche, die vor allem wegen ihrer Gemälde berühmt ist: San Giorgio Maggiore oder auch San Giorgio in Braida genannt. Das Gotteshaus mit seiner auffallend großen Kuppel, ein Entwurf von dem berühmten Veroneser Architekten Michele Sanmicheli, wurde im Jahr 1477 begonnen.

Im Innern befinden sich bedeutende Werke; ein Gemälde der «Taufe Christi» und eine Darstellung des «Pfingstwunders» von dem Venezianer Jacopo Tintoretto, eine «Heilige Ursula» von Francesco Caroto und eine «Thronende Madonna» von Girolamo dai Libri. Hauptwerk der kostbaren Innenausstattung ist jedoch das Hochaltargemälde, die «Marter des heiligen Georg» von Paolo Veronese (1566).

San Giovanni in Valle ⑳. Nahe dem *Ponte Pietra* und dem Hügel *San Pietro* gelegen ist die Kirche San Giovanni in Valle. Sie wurde nach einem großen Erdbeben um 1120 wieder aufgebaut und gilt als typisches Beispiel romanischer Sakralarchitektur in Verona. Die Krypta von San Giovanni in Valle stammt noch aus dem 9. Jahrhundert.

Santa Maria Antica *siehe* **Via San Maria Antica**

Santa Maria in Organo ㉑. Die ursprünglich auf einen Vorgängerbau aus dem 7./8. Jahrhundert zurückgehende Kirche wurde im 12. Jahrhundert durch einen romanischen Bau ersetzt, von dem heute noch die Krypta erhalten ist. Die Fassade von Santa Maria in Organo stammt zum Teil von Michele Sanmicheli, der reiche Freskenschmuck stammt ebenfalls aus dem 16. Jahrhundert. Das wertvolle Chorgestühl schnitzte der Olivetanermönch Fra Giovanni. Die kostbaren Intarsien der Chorstühle, zwischen 1493 und 1499 gearbeitet, zeigen Heilige, Stadtszenen aus Verona, Instrumente, Tiere, Obst, Blätter und Blüten; berühmt ist vor allem die Darstellung der Arena von Verona. Fra Giovanni schnitzte auch das mit kostbaren Intarsien geschmückte Lesepult sowie den vier Meter hohen Kandelaber für die Osterkerze.

Links: Zwei Löwen tragen die Säulen der Portalanlage von San Zeno.

Oben: Ponte Pietra, die «steinerne Brücke», stammt aus der Zeit der Römer.

Rechts: Am linken Etschufer liegt San Giorgio in Braida. Im Kircheninneren befinden sich Gemälde von Jacopo Tintoretto und Paolo Veronese.

Ganz rechts: Die Porta dei Leoni aus dem 1. Jahrhundert n. Chr.

Santo Stefano ㉒. In der Nähe des Domes, auf der anderen Flußseite, befindet sich die Kirche Santo Stefano. Sie entstand schon im 5. Jahrhundert und ist eine der ältesten frühchristlichen Kirchenbauten in Verona. Auf einer Zeichnung aus dem 10. Jahrhundert aus der «Iconografia Rateriana» ist ein Besuch des Ostgotenkönigs Theoderich des Großen in der Kirche Santo Stefano dokumentiert.

San Zeno Maggiore ㉓. Veronas berühmteste Kirche ist San Zeno Maggiore. Sie liegt etwas außerhalb des Stadtkerns. Früher gehörte zur Kirche ein Benediktinerkloster, eine der bedeutendsten Abteien der Stadt. Das Kloster wurde jedoch im Jahr 1773 säkularisiert und fast zerstört. Nur der *Kreuzgang* und der mächtige *Abteiturm* des Klosters sind noch erhalten. Mit dem freistehenden Glockenturm und dem dekorativen, in farbigen Streifen gesetzten Mauerwerk gilt San Zeno als schönste Basilika der Hochromanik in Oberitalien.

Der heilige Zeno, ein schwarzer Bischof aus einer römischen Provinz in Afrika, war der Schutzpatron Veronas. Bischof Zeno starb 380 und wurde dort begraben, wo später die erste Kirche, die ihm geweiht war, errichtet wurde. Beherrschend am Bau von San Zeno Maggiore ist die monumentale *Fenster-Rosette* der Fassade. Sie soll das Glücksrad der Fortuna symbolisieren. Vier allegorische Figuren machen die Vergänglichkeit irdischer Güter und die Wankelmütigkeit des Glücks deutlich. Die lateinischen Inschriften erklären dazu: «Ich, das Glück, regiere allein die Sterblichen, ich erhebe und stürze, gebe allen Gutes und Böses.» Eine zweite Inschrift lautet: «Ich kleide die Nackten, entkleide die Bekleideten. Wer sich auf mich verläßt, ist ein Narr.»

Das größte Kunstwerk der Kirche des San Zeno aber sind die *Bronzetüren* mit ihren 48 Plattenreliefs. Die szenischen Darstellungen auf den Türen stammen aus zwei verschiedenen Epochen. Die älteren sollen um 1120 entstanden sein, die jüngeren Arbeiten, die schon Plastizität und Perspektive zeigen, erst im späten 12. Jahrhundert. Die dargestellten Szenen der Plattenreliefs erzählen wie ein Bilderbuch biblische Geschichten und das Leben San Zenos. Nur während der Öffnungszeiten der Kirche sind die Tafeln zu sehen, sonst werden sie von einem Eisentor geschützt. Im Innern von San Zeno ist das größte Kunstwerk das Triptychon (dreiteiliges Tafelbild) mit der thronenden Madonna und Heiligen von Andrea Mantegna (1431–1506). Gut erhalten sind die schönen gotischen Fresken. In der linken Seitenapsis des Chors steht eine Figur San Zenos im Bischofsgewand, die den Spitznamen «lächelnder San Zeno» erhalten hat.

Scaliger-Gräber *siehe* **Via San Maria Antica**

Teatro Romano (Römisches Theater) ㉔. Älter als die Arena ist das Römische Theater, das sich an den Hügel von San Pietro schmiegt. Den Baubeginn legt man in das 1. Jahrhundert v. Chr., die sogenannte Augusteische Epoche. Das Theater besteht aus einer halbkreisförmigen *cavea* (Zuschauerraum) mit zum Teil restaurierten Sitzreihen, einer nur teilweise erhaltenen *Spielfläche* und den wenigen Steinbrokken, die von der 152 Meter langen, einst statuengeschmückten *Frontmauer* des Theaters übriggeblieben sind. Um die Zeitenwende diente dieses Theater, ganz im Gegensatz zum Amphitheater, der Arena (*siehe Seite 137*), als Schauplatz für Erbauungstheater und hohe Literatur.

Torre del Gardello *siehe* **Piazza delle Erbe**

Via San Maria Antica ㉕. In der Via San Maria Antica, ein paar Schritte entfernt von der Piazza dei Signori, befinden sich die romanische Kirche *Santa Maria Antica* und die *Scaliger-Gräber.* Der Friedhof, auf dem die mächtigen Scaligeri ihre letzte Ruhe fanden, wird von einem Gitter begrenzt, in das man das Wappenzeichen der Scaliger, die Treppe (*scala*), eingearbeitet hat. Ältestes Monument auf dem Friedhof ist das Grabmal des 1329 gestorbenen Cangrande I. Es befindet sich über dem Portal der kleinen Kirche Santa Maria Antica: Über einem Sarkophag spannt sich ein Baldachin. Und auf der Spitze sieht man den Fürsten Cangrande I. als lebensgroße Reiterfigur (Originalskulptur im Museum des Castelvecchio). Zwei liegende Hunde tragen den Sarkophag, eine Anspielung auf den Namen Cangrande («Großartiger Hund»). Sein Helm ist mit Schwingen und einem Hundekopf geschmückt. Die beiden anderen herausragenden Grabmäler gehören dem Scaliger Mastino II. und Cansignorio.

Ausflüge in die Umgebung

Nördlich von Verona liegen das *Valpolicella* mit seinen vielen alten Villen, romanischen Kirchen, rustikalen Bergdörfern und einer gallischen Nekropole sowie die *Lessinia*, die Lessinischen Berge – weit über 1500 Meter hoch –, wo der berühmte rote Marmor gebrochen wird. Direkt unter dem Gipfel des *Corno d'Aquilio* öffnet sich eines der weitläufigsten karstischen Höhlensysteme überhaupt, die *Spluga della Preta*.

Im Kreuzgang von San Giorgio in Valpolicella sind besonders die kunstvoll skulptierten Säulenkapitelle sehenswert. Hier, inmitten des weltberühmten Weinanbaugebiets, unterhielten bereits im 8. Jahrhundert die Langobarden eine bedeutende Klerikerschule.

Das *Illasi-Tal* nordöstlich von Verona ist reich an Landhäusern aus der venezianischen Regierungszeit. Kirschbäume blühen hier oben. In einigen abgeschiedenen Dörfern des Tals wird noch heute ein mittelhochdeutscher Dialekt gesprochen.

Weiter östlich gelegen, im *Soave*, wo das *Alpone-Tal* beginnt, steht ein mächtiges Scaliger-Kastell. *Bolca* im Norden des Alpone-Tals besitzt mit dem Steinbruch *La Pesciara* eine Fundgrube für Fossilien aus dem Jura (vor etwa 150 bis 200 Millionen Jahren), als die Lessinischen Alpen kleine Inseln in einem gewaltigen tropischen Meer waren. Auch die benachbarte Provinz *Trentino*, die im Norden an Venetien angrenzt, ist einen Ausflug wert. Hier kann man auch Übernachtungsmöglichkeiten finden, wenn während des sommerlichen Festivals in der Arena ganz Verona und der Gardasee ausgebucht sind: zum Beispiel in *Rovereto*, einer stillen, romantischen und sehr italienischen Stadt mit einem Museum, das dem futuristischen Maler Fortunato Depero gewidmet ist.

GARDASEE
0 N 5 km
Kloster
Kirche
Festung
Aussichtspunkt
Seilbahn
Schiffslinie
Naturschutzgebiet
TRENTINO-
ALTO-ADIGE
LOMBARDEI
VENETIEN
Lago di Tenno
nach Trient (siehe Karte «Sarcatal» Seite 59)
Valli Giudicarie
Cimego
Bezzecca
Condino
Storo
Lodrone
Lago di Ledro
Mezzolago
Tenno
Arco
Pranzo
Frapporta
Deva
Gavazzo
Varone
Cascade del Varone
376 Monte Brione
Sarca
Riva
Nago
Torbole
Ronzo
Rovereto
Biacesa
Pregasina
Loppio
Muri
1894 Monte Tremalzo
Bresciano Voralpen
Limone sul Garda
1977 Monte Caplone
Valle di San Michele
Vesio
Navena
Brentonico
Lago d'Idro
Vesta
Anfo
Capovalle
Idro
Parco dell'Alto Garda Bresciano
Tremosine
Pieve di Tremosine
Sermerio
Campione
Bocca di Navene
1783
Malcesine
San Valentino
1720 Bocca Tratto Spino
Ala
Monte Castello
Val di Sogno
Monte Baldo
Tignale
Madonna di Monte Castello
Gardola
Cassone
Bogliaco
Aril
Avio
Lago di Valvestino
Assenza
2218 Cima Valdritta
Porto
Muslone
San Francesco
Gardesana occidentale
Brenzone
Magugnano
2199 Monte Maggiore
Novezzina di Ferrara
Orto Botanico
Monti Lessini
Valle Toscolano
Liano
Gargnano
Marniga
Castelletto
1488 Monte Spino
1582 Monte Pizzocolo
S. Martino
Villa
Gardesana orientale
San Zeno
Ferrara di Monte Baldo
1766 Monte Tomba
Prada Costabella
Madonna della Corona
Vobarno
Orto Botanico
Sernica
Toscolano-Maderno
Sant'Andrea
Pai
Lago di Garda (Benaco)
San Bartolomeo
Vittoriale degli Italiani
Fasano
Spiazzi
Brentino
Peri
Fosse
Gardone Riviera
1546 Corno d'Aquilio
Erbezza
Villanuova sul Clisi
Salò
Barbarano
San Zeno di Montagna
Bosco Chiesanuova
Torri del Benaco
Porto Portese
Caprino Veronese
ISOLA DI GARDA
Gavardo
Madonna del Carmine
San Felice
Costermano
Cimitero militare
Punta San Vigilio
Garda
ISOLA DI BIAGIO
Rocca
Eremo di Rocca
Rivoli Veronese
Lugo
Rocco di Manerba
Polpenazze
Manerba
Gardoncino
Bardolino
Adige
Valpolicella
Stallavena
Valtenesi
Moniga
Padenghe
Calmasino
San Pietro in Mavino
Grotte di Catullo
Lazise
Sirmione
Maguzzano
Castello Scaligero
Parco Zoo del Garda
Gardaland
Parona di Valpolicella
Desenzano
Bussolengo
Lonato
nach Brescia
Colombare
Val d'Illasi
Val d'Alpone
Soave
Peschiera
Madonna del Frassino
Castelnuovo
San Martino della Battaglia
Parco di Mincio
Pozzolengo
Solferino
Mincio
nach Mantua (siehe Karte «Minciotal» Seite 64)
Verona
Bolca
0 N 5 km
Salò
Gavardo
Brescia
Manerba
Nuvolento
Lago di Garda
S. Eufemia della Fonte
Sirmione
Bettole
Castenedolo
Desenzano del Garda

Register

Kursive Ziffern verweisen auf Abbildungen

Personenregister

Orts- und Sachregister

Text- und Bildnachweis

Textnachweis

J. W. von Goethe: Mignon-Ballade. In: Werner Krum: Gardasee und das Veronese. Prestel-Verlag, München 1979: S. 1.
Ewald Haufe: Am Gardasee. Innsbruck, 1901: S. 37.
J. J. W. Heinse: Aus: Tagebücher von der italienischen Reise, 10. August 1783. In: Carl Brinitzer: Deutsche Dichter führen nach Italien. Kupferberg Verlag, Mainz und Berlin, 1964: S. 36.
Friedrich Johann Lorenz Meyer: Darstellungen aus Italien. Berlin 1792: S. 37.
Friedrich Muckermann: Aus: Der Mönch tritt über die Schwelle. 1932. In: Carl Brinitzer: Deutsche Dichter führen nach Italien. Kupferberg Verlag, Mainz und Berlin, 1964: S. 37.
D. J. J. Volkmann, Historisch-kritische Nachrichen von Italien ..., Leipzig, 1778: S. 36.

Ernst Hess verfaßte die Themenessays «Die Traumstraße Europas» (S. 20), «Grandioses Pathos» (S. 40), «In voller Fahrt auf die Wand zu ...» (S. 52), «Siesta am Lago di Toblino» (S. 59) und «Der Fluß hinter dem Pappelvorhang» (S. 64). Rita Baedeker schrieb die Texte «Pesce und Peara» (S. 76), «Eine Tragödie mit literarischen Folgen» (S. 125) und ««Rechts unten lahmen die Bläser»» (S. 137). Den Text «Gardasee und Verona – Daten zur Geschichte» (S. 102) stellte Sebastian Marseiler zusammen.

Bildnachweis

Alinari, Florenz: S. 61, 63.
Archiv für Kunst und Geschichte, Berlin: S. 14, 16, 17 o.r., 18, 36 M., 62, 102 l. und M., 125 (3).
Artothek, Peißenberg: S. 15, 36/37, 148/149.
Anita Back, München: S. 41 r., 59 o., 103 o.l., 105 o. und u., 116 o., 127 r., 131 o., 142 o. und u., 145 u., 146 r., 150 o. und u., 151 o.
Udo Bernhart, Kastelbell/Südtirol: S. 1, 2/3, 4/5, 8/9, 10/11, 26 u., 36 o.l., 40 u.l. und M.r., 41 M.l. und M.r. (2), 46/47, 52 M.l., 53 u., 69, 72, 73, 75 u.r., 84/85, 98/99, 104 o., 108.
Bildarchiv Verlag C. J. Bucher, München: S. 39 M.r. und u.r.
Bildarchiv Preußischer Kulturbesitz, Berlin: S. 17 u.r., 149 u.r.
Bilderdienst Süddeutscher Verlag, München: S. 39 o., 40 o.l., 102 r.
Museum für Gestaltung und Geschichte Zürich: S. 42 l. und r., 43 l. und r.
IFA-Bilderteam, München: S. 52 o.l., 52 M.o., 52/53 o.
Gerold Jung, München: S. 20 l., 21, 40 o.r., 76 o.l., 90/91, 103 r., 130, 154.
G. P. Müller, Dortmund: S. 6/7.
Peter Mertz, Innsbruck: S. 1, 26 o., 40/41 u., 41 o.r., 48 u., 49, 52 u.r., 54, 55 o. und u., 56/57, 58, 64 r., 68 o.l. und o.r., 78 l., 78/79, 79 r., 80 o. und u., 81 l. und r., 82, 83, 87, 94/95, 101 o. und u., 103 u.l., 104 u., 105 M., 106, 107, 112, 126 l. und r., 127 l., 128/129, 131 u., 132, 141, 144 r., 145 o., 147 l. und r., 151 u., 153 u.
Axel M. Mosler, Dortmund: S. 76 u.l. und u.r., 74/75 o., 75 u.l., M.u. (2) und r. (5).
Nachlaß Peter Schmid: S. 36/37 o.
Klaus Thiele, Warburg: S. 116 u., 137 M.u. (2).
Martin Thomas, Aachen: S. 64 u.l., 75 r., 110/111, 113 o. und u., 114/115, 118, 119, 120, 121 o. und u., 124, 133, 134/135, 136, 137 o. und M., 138/139, 140, 144 l., 146 l., 152 l., 152/153 o., 153 o.r.
Bernhard Thum, Nürnberg: S. 74 l., 74/75 o.
Ullstein Bilderdienst, Berlin: S. 39 u.l.

Alle übrigen Abbildungen stammen von Ernst Hermann Ruth, Nizza.

Die Karten auf den Seiten 59, 64, 143 und 155 zeichnete Astrid Fischer-Leitl, München.

Wir danken allen Rechteinhabern für die Erlaubnis zu Nachdruck und Abbildung. Trotz intensiver Bemühungen war es nicht möglich, alle Rechteinhaber zu ermitteln. Wir bitten diese, sich an den Verlag zu wenden.

Alle Angaben dieses Bandes wurden von den Autoren sorgfältig recherchiert und vom Verlag auf Stimmigkeit und Aktualität geprüft. Allerdings kann keine Haftung für die Richtigkeit der Informationen übernommen werden. Für Hinweise und Anregungen sind wir jederzeit dankbar. Zuschriften bitte an den Verlag C. J. Bucher, Lektorat, Goethestraße 43, 80336 München.

Impressum

Konzeption: Axel Schenck
Lektorat: Brigitte Leierseder-Riebe, Dieter Löbbert, Antje Eszerski
Bildlegenden: Sebastian Marseiler
Bildgestaltung: Joachim Hellmuth
Graphische Gestaltung: Barbara Markwitz, Verena Fleischmann, Michael Voss
Bilddokumentation: Susanne Ehrenfried
Herstellung: Armin Köhler, Inge Mayr, Angelika Kerscher

Druckerei Eberl, Immenstadt

Aktualisierte und erweiterte Neuauflage

Printed and bound in Germany
ISBN 3 7658 1008 8

Die Nationen Europas

ISBN 3-7658-0737-0

ISBN 3-7658-0961-6

ISBN 3-7658-0863-6

ISBN 3-7658-0942-X

ISBN 3-7658-0888-1

ISBN 3-7658-0923-3

ISBN 3-7658-0859-8

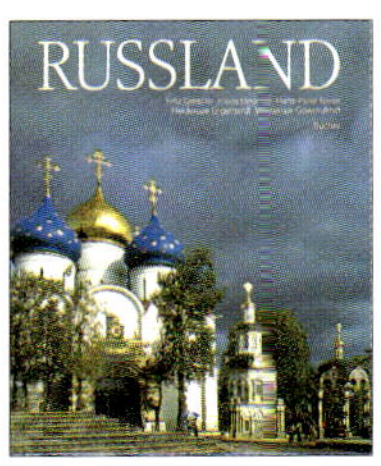

ISBN 3-7658-0803-2

ISBN 3-7658-0878-4

ISBN 3-7658-0943-8

ISBN 3-7658-0762-1

ISBN 3-7658-0813-X

Alle Bände 160 Seiten. Durchgehend farbig, mit historischer Bilddokumentation, Karten, Themen-Essays. Mit farbigem Schutzumschlag.

BUCHER
Maßstab für Bildbandqualität

Seit ihrer Unabhängigkeit 1991 wieder im Blickfeld, gelten Estland, Lettland und Litauen noch als Geheimtip. Estland lockt mit einsamen Mooren, pittoresken Ostseeinseln und unberührten Stränden, Lettland mit Herrensitzen und einst mächtigen Burgen. Litauen lädt zu einem Besuch der einzigartigen Kurischen Nehrung ein, zu Streifzügen durchs Memelland. Attraktive Ziele sind auch die traditionsreichen Hauptstädte Tallinn, Riga und Vilnius.

Sehnsuchtsland sonnenhungriger Urlauber und wißbegieriger Bildungsreisender, Ferienparadies und klassisches Kulturland Europas: Italien lockt mit seinen Landschaften, von den schneebedeckten Alpen im Norden bis zu den Orangenhainen Siziliens. Altehrwürdige Städte wie Rom, Florenz oder Venedig hüten einen unermeßlichen Kunstschatz aus zwei Jahrtausenden. Und wer ließe sich nicht mitreißen von der vielgerühmten «Italianità», jener Begabung, sich sinnenfroh den schönen Seiten des Lebens zuzuwenden?

Ein kleines Land mit einer großen, weltweit bekannten Tradition im Fremdenverkehr: Die Schweiz, im Sommer wie im Winter erlebnisreiches Reiseziel mit herrlicher Bergwelt und vielen großen Seen, mit idyllischen Dörfern und eleganten Städten. Hier, an der Schnittstelle deutscher, französischer und italienischer Einflüsse, findet man Lebensart, Kunst und Kultur von ebenso großer Vielfalt, wie sie die Landschaften zwischen Basel, Lausanne und Lugano bieten.